U0033710

南昌行營
參謀團大事記
（三）

Generalissimo's Nanchang Field Headquarter

Military Staff Records

Section III

目錄

導讀

蘇聖雄
中央研究院近代史研究所助研究員

一

　　南昌行營，以蔣介石發動新生活運動的發起地為人所知，1934 年 2 月 19 日，蔣介石在南昌行營擴大紀念週上發表〈新生活運動之要義〉之演講，新生活運動正式揭開序幕。此外，南昌行營作為國民政府對中國共產黨進行大規模圍剿的總司令部，亦廣為人知。

　　南昌行營是怎麼樣的組織？論其源流，可從古代中國說起。中國幅員廣闊，對地方事務，中央時有鞭長莫及之感，故常派遣人員至地方巡查，或於地方設置機關監督管理。以唐代制度而言，全國區分十道，派觀察使監察州縣地方政府，實際上長駐地方，成為地方更高一級之長官。此種監察使若為巡視邊疆，於邊防重地停駐下來，中央對地方事務得隨宜應付，臨時全權支配，稱為節度使，指揮軍事，管理財政，甚至掌握地區用人大權。始於元代的行省制度，亦本中央擴權延伸之旨，時中央有中書省之機關，即中央的宰相府，「行省」即「行中書省」，中央派出機構駐紮在外，藉以軍事控制、集權中央，乃至清代之總督巡撫，亦類於此，初設

乃為臨時掌管軍事，其後常川駐紮地方。[1]

　　行營為中央力量向地方擴張的一種組織，偏重軍事層面。「行營」一辭於中國歷史中，泛指某軍事長官出征到外地臨時組建之軍營，為軍事長官之駐地辦事處。[2]「行營」之制度化，最早在唐代安史之亂以後。安史亂前，雖已有行營，但尚未普遍化形成制度，如唐玄宗天寶六年（747）「特敕仙芝以馬步萬人為行營節度使往討之」，此處之「行營節度使」為玄宗「特敕」成立，說明派軍出征而稱行營，為特殊情況之權宜辦法。安史之亂以後，唐肅宗乾元元年（758），任命李嗣業為鎮西、北庭行營節度使屯河內，「行營」節度使成為一種制度，為相對「本鎮」之軍事機關，[3]此後歷代沿用，不過各朝之行營性質續有變動。[4]

　　清末以降，地方主義興起，[5]及至民國初年各軍系

1　錢穆，《中國歷代政治得失》（臺北：東大圖書公司，2001），頁 54-56、130-133。

2　三民書局出版的《大辭典》「行營」條有四義，一為奔走營求，二為巡視軍營，三為出征時的軍營，四為軍事長官駐地辦事處。參見三民書局大辭典編纂委員會編，《大辭典》，冊 3（臺北：三民書局，1985），頁 4279。中國文化大學出版的《中文大辭典》「行營」條亦有四義，一為唐代節度使之軍營，二為出征時之軍營，三為營治，四為出兵。參見張其昀監修，《中文大辭典》（臺北：中國文化大學出版部，1993九版），頁 559。

3　張國剛，〈唐代藩鎮行營制度〉，《唐代政治制度研究論集》（臺北：文津出版社，1994），頁 175-196；孟彥弘，〈論唐代軍隊的地方化〉，《中國社會科學院歷史研究所學刊》，輯 1（2001年 10月），頁 264-291。

4　五代、宋代之行營，可參見翁建道，〈五代行營初探〉，《高應科大人文社會科學學報》，期 5（2008年 7月），頁 63-83；翁建道，〈宋真宗咸平時期鎮定高陽關行營之建立〉，《史學彙刊》，期 29（2012年 6月），頁 59、61-93。

5　胡春惠，《民初的地方主義與聯省自治》（北京：中國社會科學

割據，地方分權力量甚大，故中華民國中央政府建立以後，對地方之掌控特別留意。「行營」這樣的組織，便是中央政府對地方控制的一環，同時也具有軍事長官駐地辦事處之意義，如1923年初時為陸海軍大元帥的孫文，設陸海軍大元帥大本營，曾任蔣介石為大元帥行營參謀長。[6]

<h2 style="text-align:center">二</h2>

國民政府設立行營此一機關，最初在北伐途中，設有「國民革命軍總司令行營」，為行營制度化之始，有印信及專屬用牋。[7]由於蔣介石擔任國民革命軍總司令，該行營可視為蔣介石之行營。

國民革命軍北伐之後，軍事委員會、國民革命軍總司令部相繼撤銷，國民革命軍總司令行營隨之結束。1929年初，桂軍反抗中央，內戰爆發，4月，時任國民政府主席的蔣介石，根據〈中華民國國民政府組織法〉第一章第三條規定「國民政府統帥海陸空軍」，遂以國民政府主席之名義，組織陸海空軍總司令部，親兼總司令，同時為便於指揮作戰，貫徹軍事作戰命令，於全國各要地成立「陸海空軍總司令行營」，[8]作為總司令部

出版社，2011），頁1-13。

6　「孫中山手令特任蔣中正為大元帥行營參謀長」（1923年6月16日），〈蔣中正書法（影本）〉，籌筆，《蔣中正總統文物》，國史館藏，典藏號：002-011100-00001-095；郭廷以，《中華民國史事日誌》（臺北：中央研究院近代史研究所，1979），冊1，1923年6月16日條，頁730。

7　現藏於國防部國軍歷史文物館。

8　其印信現藏於國史館。

的派出指揮機關，行營益為制度化。[9]

陸海空軍總司令各行營設主任一員，由資歷深且具有相當指揮作戰能力的將領擔任。自 1929 年至 1931 年底，陸海空軍總司令部在全國計組建北平、武漢、廣東、洛陽、徐州、潼關、鄭州、南昌等行營。九一八事變後，蔣預備下野，陸海空軍總司令部進行組織調整，各總司令行營撤銷，改為各綏靖公署，總司令行營於焉結束。[10]

1932 年初，蔣介石復出擔任軍事委員會委員長，於 1933 年 2 月 7 日開始籌設「軍事委員會委員長南昌行營」。1933 年 5 月 21 日，軍事委員會委員長南昌行營成立，以熊式輝為行營主任，此為蔣介石身為委員長的行營，[11] 即本史料系列所指稱之對象。

依據〈軍事委員會委員長南昌行營組織大綱〉（1933 年 6 月 24 日頒布），第一條：「軍事委員會委員長為處理贛、粵、閩、湘、鄂五省剿匪軍事及監督指揮剿匪區內各省黨政事務之便利起見，特設南昌行營」，[12] 可見該機關不但管轄範圍廣闊，所轄事務並不限於軍事，而及於各省黨政諸事務。事實上，其實際權

9　戚厚杰、劉順發、王楠編，《國民革命軍沿革實錄》（石家莊：河北人民出版社，2001），頁 123。

10　張皓，〈形形色色的國民黨行營〉，《黨史博覽》，1995 年第 2 期，頁 46；戚厚杰、劉順發、王楠編，《國民革命軍沿革實錄》，頁 123-124、140-141。

11　蘇聖雄，〈國史館數位檔案檢索系統之運用——以「行營」研究為例〉，《國史研究通訊》，期 2（2012 年 6 月），頁 199。

12　蔡鴻源主編，《民國法規集成》，冊 33（合肥：黃山書社，1999），頁 398-399。

力不僅止法條規範，據當時擔任南昌行營審核處秘書的
謝藻生指出，南昌行營管轄範圍為江西、福建、浙江、
湖南、湖北、安徽、河南、江蘇、山東、陝西十個省及
上海、南京、漢口三個特別市，以及軍事委員會所屬的
軍政部、參謀本部，受管轄單位每月必須將人事、經費
送行營審核，為全國最龐大之軍事機構。[13] 又據親汪兆
銘的中國國民黨高層陳公博回憶：「蔣先生（蔣介石）
又以剿匪為名，請求中央把剿匪區域都劃給行營（南昌
行營），無論軍事、財政、司法，以及地方行政，一
概由行營辦理，因此行政院更是花落空庭，草長深院
了……行政院簡直是委員長行營的秘書處，不，秘書處
也夠不上，是秘書處中一個尋常的文書股罷了。」[14] 這
些回憶或有誇張之處，但南昌行營在當時的重要性，確
是不容輕忽。

南昌行營經過一年多的運行，達成其設置目的，
其監督指揮對中國共產黨之第五次圍剿，迫使共軍於
1934 年底退出贛南根據地，往西南「長征」。國民政
府隨即於 12 月組織「軍事委員會委員長行營參謀團」
入川，運籌、指導、督察四川剿共各軍之作戰，以原南
昌行營第一廳廳長的賀國光出任參謀團主任，可說是南
昌行營的延伸。[15]

13 謝藻生，〈我所知道的南昌行營〉，《世紀行》，1995 年第 1 期，
   頁 36。
14 汪瑞炯、李鍔、趙令揚編註，《苦笑錄：陳公博回憶（1925-1936）》
   （香港：香港大學亞洲研究中心，1979），頁 329。
15 〈軍事委員會公布委員長行營參謀團組織大綱訓令〉（1934 年
   12 月 23 日），收入中國第二歷史檔案館編，《中華民國史檔

　　1935 年初，江西共區經次第克復，南昌行營於
1 月底結束。有鑑於南昌行營之成功，蔣介石擴大運用
行營制度，先將行營從南昌移駐武昌，後移四川，初
未冠上駐地名稱，皆稱「軍事委員會委員長行營」，[16]
1936 年兩廣事變結束後，建立廣州行營，始冠上駐
地名稱。[17] 1937 年全面抗戰爆發後，行營制度賡續推
廣。戰後 1946 年 5 月，隨著軍事委員會取消改設國防
部，軍事委員會委員長各行營改制為國民政府主席各行
轅，[18] 其下設若干「綏靖公署」，統一指揮對共產黨的
軍事行動，及綜整管轄區域之民政。[19] 1948 年 5 月 19
日，蔣介石即將就任中華民國總統，國民政府主席一職
撤銷，各地行轅復改為綏靖公署或歸併入各地剿匪總司
令部，[20] 至是行營（行轅）之設置歷史全部結束。

三

　　本系列係國民政府行營設置史上最重要的南昌行營
之史料彙編，這集收錄「國民政府軍事委員會委員長行

　　案資料匯編》，輯 5 編 1：軍事 1（南京：江蘇古籍出版社，
　　1991），頁 28-33；《中央日報》（南京），1934 年 12 月 30 日，
　　第 1 張第 2 版。
16 駐地重慶之行營，以賀國光為行營主任，正式稱呼未冠上駐地名
　　稱，然一般仍習稱為「重慶行營」。
17 「軍事委員會委員長廣州行營電國民政府」（1936 年 10 月 4 日），
　　〈軍事委員會各行營行轅官員任免（一）〉，《國民政府檔案》，
　　國史館藏，典藏號：001-032107-0040。
18 當時國民政府主席即蔣介石。
19 劉國新主編，《中國政治制度辭典》（北京：中國社會出版社，
　　1990），頁 387、391。
20 張憲文、方慶秋、黃美真主編，《中華民國史大辭典》（南京：
　　江蘇古籍出版社，2002），頁 727-728。

營參謀團大事記」（以下簡稱「參謀團大事記」），計有三冊。

「參謀團大事記」是原南昌行營第一廳廳長賀國光（字元靖），主持行營參謀團入川的史料集，由賀本人所輯，主要為 1935 年事。內容首先是蔣介石手令，分為原件與抄件，為蔣對參謀團鉅細靡遺的指示，得窺見參謀團入川情形及蔣對川省之戰略規劃。爾後各篇分為「參謀團之成立」、「剿共軍事」、「政治」、「參謀團之經理概況」、「附錄」。綜觀其內容，非如題名所稱，僅為編年體之「大事記」，實收入大量一手史料，以參謀團案卷為主，間收其他文卷內容，諸多為現今國史館等檔案館藏所無。

「參謀團大事記」之內容，是國民政府軍政力量延伸的過程，也是「三分軍事，七分政治」之體現。有益讀者加深對南昌行營及其後續組織之認識，就考究蔣介石的組織運用、民國中央與地方之關係、國民政府軍事力量入川之經過、圍剿追剿共軍之經過、國民政府對基層的控制，乃至國民政府如何建構現代國家等種種課題，相信亦有一定助益。川籍要員周開慶，晚年曾對行營之重要性謂：

> 國民政府北伐成功，統一全國後，在中央與各省地方間，常有一種中間性的軍政組織，承上轉下，秉承中央政府的命令，督導轄區三數省份的軍政建設工作。這種組織有時叫行營，有時叫行轅……在過去軍政措施上收到不少的效果；以我國幅員廣

大……仍有採行的必要。研究以往的軍政體制，我以為這種組織是最值得注意的。政府機關如國防部、三軍大學、或國防研究院，應該指定專人，從事蒐輯資料，作有系統的研究。研究我國現代軍政制度的專家學者，拿這種組織作一個專題來研討，也是很有意義的。[21]

對於加深行營研究，周開慶 50 年前已有倡議，惟至今相關研究仍舊鮮少。民國歷史文化學社編輯部察知行營重要性，先從最關鍵的南昌行營史料展開出版工作，價值可觀，其意深遠，讀者讀之當可體會。

---

21 周開慶，〈重慶行營史話〉，《暢流》，46：11（1973年1月），頁 8。

編輯凡例

一、本套書共三冊，收錄「國民政府軍事委員會委員長
　　行營參謀團大事記」，依原文錄入。

二、第一冊〈編輯大意〉為原書內容，予以保留。

三、第一篇為蔣介石手令，其中辦理過程幕僚回報、建
　　議文字等，以楷體標示。

四、原稿已有標點者予以保留，若無則加具標點。

五、錯字、漏字、贅字等均不予更動，異體字、俗寫
　　字、通同字等一律改為現行字，無法辨識文字以■
　　表示。平抬、挪抬等書寫格式一概從略。為便利閱
　　讀，表格內容皆改以阿拉伯數字呈現。

六、本書史料內容，為保留原樣，維持原「匪」、「偽」
　　等用語。

七、本書改直排文字為橫排，內容之如右（即如前）、
　　如左（即如後）等文字皆不予更動。

八、部分附件因原稿即缺，故無法排印。

國民政府軍事委員會委員長
行營參謀團大事記

第五篇　參謀團之經理概況

關於參謀團之經理概況，計自二十四年一月份起，至十月份結束止，共支本團經臨費洋三十三萬七千零三十三元九角七分。又經理委員長各款，共支洋六百八十二萬七千四百一十一元八角二分。除按照會計手續，檢同單據造具計算書類，分別呈送行營及軍政部核銷，並列表呈報委員長備案外，茲將各月份收支實況，分列於後：

甲、經理委員長各款
（一）二月份

　　收軍政部匯來洋四萬一千元正。

　　支臨時犒賞等費洋四萬一千元正。

（二）三月份

　　收軍政部匯來各款及洋價升水洋一萬零零一十九元八角七分。

　　支臨時旅雜各費洋一萬六千七百六十三元一角四分。

（三）四月份

　　收軍政部及各機關繳還各款並洋價升水共計洋六萬一千三百四十五元七角四分。

　　支臨時旅雜各費洋二萬三千五百零三元六角八分。

（四）五月份

收軍政部財政部匯來各款及洋價升水洋七十六萬九千零五十四元九角八分。

支臨時旅運建築購置雜支洋六萬零七百零九元零一分。

（五）六月份

收財政部匯來各款及洋價升水洋一百萬零零九千五百一十三元八角一分。

支臨時旅運築路購置雜支洋三十萬零七千零九十元零一角五分。

（六）七月份

收財政部匯來各款及洋價升水洋一百萬零八千五百六十一元一角三分。

支臨時旅運購置雜支洋三十四萬二千一百二十二元二角正。

（七）八月份

收軍政部、財政部及借支中央銀行並各機關繳還各款洋價升水洋一百七十六萬一千五百二十二元三角五分。

支臨時旅運築路建築購置雜支及撥發行營二處駐川辦事處洋八十一萬四千三百七十八元二角六分。

（八）九月份

收四川財政監理處及各機關繳撥各款洋六十五萬五千五百一十三元正。

支臨時旅運築路雜支及撥發行營二處駐川辦事

處洋六十八萬七千三百一十九元六角一分。

（九）十月份

收財政部及借農民銀行並各機關繳還各款洋
八十萬零五千八百一十九元零二分。

支臨時旅運購置雜支及撥發行營二處駐川辦事
處洋一百三十二萬二千六百六十六元六角三分。

（十）三月份

收行營另匯臨時費及洋價升水洋四十二萬五
千七百零四元七角九分。

支臨時費築路費洋四十萬元正。

收軍政部另匯臨時費及洋價升水洋一十一萬
元正。

支臨時費築路費洋一十一萬元正。

收軍政部另匯黔軍補助費及洋價升水洋一十萬
元正。

支黔軍蔣在珍等部三月份補助費洋一十萬元正。

（十一）四月份

收軍政部另匯黔軍補助費洋一十萬元正。

支黔軍蔣在珍等部四月份補助費洋一十萬
元正。

（十二）預付款項

收各機關繳還各款及洋價升水洋一十一萬六千
五百四十一元七角二分。

支預付各機關臨時各費洋一百九十五萬二千
二百三十八元一角四分。

（十三）墊支款項

　　收各機關繳還各款及洋價升水洋三千三百八
　　十三元三角一分。

　　支墊支各機關臨時各費洋五十四萬九千六百
　　二十一元正。

（十四）利息

　　收各銀行（自二月份起至十月底止）存款利息
　　洋三千零二十四元一角五分。

總計：

共收洋六百九十八萬一千零零三元八角七分。

共支洋六百八十二萬七千四百一十一元八角二分。

　　收支兩比，實存洋一十五萬三千五百九十二元零五
分，業經如數繳呈行營經理處核收。所有收支細數，另
附收支明細表於後。

國民政府軍事委員會委員長行營參謀團

經理委座臨時剿匪費各月收支明細表

民國二十四年自二月份起至十月底止

收入金額

	二月份	三月份	四月份	五月份	六月份
軍政部	41,000.00	10,000.00	11,280.00	10,000.00	
財政部				750,000.00	1,000,000.00
行營					
中央銀行					
農民銀行					
四川財政監理處					
各機關部隊繳還各款			50,000.00		
各月份洋價升水節餘數		19.87	65.74	9,054.98	9,513.81
各月份存款利息					
合計	41,000.00	10,019.87	61,345.74	769,054.98	1,009,513.81

	七月份	八月份	九月份	十月份
軍政部		50,000.00		
財政部	1,000,000.00	500,000.00		200,000.00
行營				
中央銀行		1,000,000.00		
農民銀行				500,000.00
四川財政監理處			510,000.00	
各機關部隊繳還各款		200,000.00	145,513.00	105,819.02
各月份洋價升水節餘數	8,561.13	11,522.35		
各月份存款利息				
合計	1,008,561.13	1,761,522.35	655,513.00	805,819.02

	行營撥匯各項臨時費	收支川幣各項臨時費	三月份黔軍補助費	四月份黔軍補助費
軍政部		100,000.00	93,633.00	100,000.00
財政部				
行營	400,000.00			
中央銀行				
農民銀行				
四川財政監理處				
各機關部隊繳還各款			10.86	
各月份洋價升水節餘數	25,704.79	10,000.00	6,354.14	
各月份存款利息				
合計	425,704.79	110,000.00	100,000.00	100,000.00

	各月份預付各機關臨時費	各月份墊支各機關臨時費	各月份存款利息	總計
軍政部				415,913.00
財政部				3,450,000.00
行營				400,000.00
中央銀行				1,000,000.00
農民銀行				500,000.00
四川財政監理處				510,000.00
各機關部隊繳還各款	110,000.00	1,968.80		613,311.68
各月份洋價升水節餘數	6,541.72	1,414.51		88,755.04
各月份存款利息			3,024.15	3,024.15
收入合計	116,541.72	3,383.31	3,024.15	6,981,003.87

支出金額

	二月份	三月份	四月份	五月份
臨時費	41,000.00	16,071.14	7,381.34	21,875.60
旅費		652.00	950.00	1,521.30
運費				23.10
築路費				
建築費				30,000.00
購置費				40.00
雜支費		40.00	15,172.34	7,249.01
撥款				
預付各款				
墊支各款				
合計	41,000.00	16,763.14	23,503.68	60,709.01

	六月份	七月份	八月份	九月份
臨時費	219,353.85	231,370.53	138,223.33	15,767.75
旅費	6,563.00	30,683.47	7,316.08	2,678.50
運費	269.17	50,665.48	353.33	406.67
築路費	80,000.00		163,890.00	300.00
建築費			27,400.00	
購置費	77.72	3,448.88	15,333.14	
雜支費	826.41	25,953.84	11,862.38	18,166.69
撥款			450,000.00	650,000.00
預付各款				
墊支各款				
合計	307,090.15	342,122.20	814,378.26	687,319.61

	十月份	行營撥匯各項臨時費	收支川幣各項臨時費	三月份黔軍補助費
臨時費	533,444.24	100,000.00	80,000.00	100,000.00
旅費	18,576.54			
運費	620.85			
築路費		300,000.00	30,000.00	
建築費				
購置費	300.00			
雜支費	94,715.22			
撥款	676,009.78			
預付各款				
墊支各款				
合計	1,322,666.63	400,000.00	110,000.00	100,000.00

	四月份黔軍補助費	各月份預付各機關臨時費	各月份墊支各機關臨時費	總計
臨時費	100,000.00			1,603,487.78
旅費				68,940.89
運費				52,338.60
築路費				574,190.00
建築費				57,400.00
購置費				19,199.74
雜支費				173,985.89
撥款				1,776,009.78
預付各款		1,952,238.14		1,952,238.14
墊支各款			549,521.00	549,621.00
合計	100	1,952,238.14	549,521.00	6,874,411.82

附記

一、本表所列收支各款係自二月份開始經理委座各款
　　起，至十月底本團奉令結束止，總計收入洋陸百玖
　　拾捌萬壹仟零零叄元捌角柒分，總計支出洋陸百捌
　　拾貳萬柒仟肆百壹拾壹元捌角貳分，收支兩比尚結
　　存洋壹拾伍萬叄仟伍百玖拾貳元零五分，業已如數
　　呈繳行營經理處核收在案。

一、本表收入洋價升水洋捌萬捌仟柒百五拾五元零四

分，係各月份奉發渝鈔，按照中央銀行掛牌申匯價
目折發中鈔共計節餘之數。又存款利息係因各月份
透支銀行較多，為減輕付息起見，每于款到即還透
支，因而存款有限，故共收利息洋叁仟零貳拾肆元
壹角伍分。

一、本表所列收支各款均已按照會計手續造具現金出納
計算書類，連同領款單據呈送行營核銷，並列表呈
報委座備案各在卷，合併聲明。

　　上項條列各月份收支細數，係按實收實支情形，
俾便明瞭月份收支狀況。惟自二月份起至十月份止，
收支各部總數及其費別，除另附收支對照總表外，茲
再說明如左：

收入之部

（一）收軍政部（自二月份起至十月份止）先後匯來臨
時剿匪費洋四十一萬五千九百一十三元正。

（二）收財政部（自五月份起至十月份止）先後匯來臨
時剿匪費洋三百四十五萬元正。

（三）收行營三月份匯來臨時剿匪費洋四十萬元正。

（四）收八月份奉借中央銀行洋一百萬元正。

（五）收十月份奉借農民銀行洋五十萬元正。

（六）收四川財政監理處九月份撥還洋五十一萬元正。

（七）收各機關部隊（自四月份起至十月份止）繳還預
借各款洋六十一萬三千三百一十一元六角八分。

（八）收自二月份至十月份止，洋價升水節餘洋八萬
八千七百五十五元零四分。

（九）收自二月份至十月份止，存款息金洋三千零二十
　　　四元一角五分。

以上共收洋六百九十八萬一千零零三元八角七分。

支出之部

（一）支自二月份起，至十月份止，臨時各費洋一百
　　　六十萬零三千四百八十七元七角八分。（上項
　　　臨時費，所有獎恤、醫藥、慰勞、賑濟、俘虜口
　　　糧、服裝、修繕、電報費、特別費及臨時機關經
　　　臨費、剿匪部隊補助維持等費，均包括在內。）

（二）支自三月份起，至十月份止，旅費洋六萬八千
　　　九百四十元零八角九分。（上項旅費，除有一
　　　部份列於預付數內，報請行營分別飭補手續
　　　外。其餘各部出差及點驗測量等旅費，並委員
　　　長手令贈送各項川資，均包括在內。）

（三）支自五月份起至十月份止，運費洋五萬二千三
　　　百三十八元六角正。（上項運費，除運輸處具
　　　領各項運費列於預付數內，報請行營飭補手續
　　　外。其餘各機關部隊僱用汽車輪船水陸搬運等
　　　費，均包括在內。）

（四）支自三月份起，至十月份止，築路費洋五十七
　　　萬四千一百九十元正。（上項築路費除薛岳部
　　　具領湘黔、黔東、貴州、烏江兩岸築路費另列
　　　於預付數內，報請行營令補手續外。其餘川黔
　　　路及崇松、崇桐各段，成嘉、成雅、成江、川
　　　鄂、川陝等補助工程材料費，均包括在內。）

（五）支自五月份起，至八月份止，建築費洋五萬七

千四百元正。（上項建築費除薛岳部具領西昌、安順、遵義飛行場建築費另列於預付數內，報請行營令補手續外。其餘樟腊、雅安兩機場及建修瀘定橋工程材料等費均包括在內。）

（六）支自五月份起至十月份止購置費洋一萬九千一百九十九元七角四分。（上項購置費所有購置汽車、地圖及各部購辦器具等費均包括在內。）

（七）支自三月份起至十月份止雜支費洋一十七萬三千九百八十五元八角九分。（上項雜支費包括交際、印刷及侍從室各月份什支費在內。）

（八）支自八月份起，至十月份止，撥行營第二處駐川辦事處洋一百七十七萬六千零零九元七角八分。（上項撥款係於八月十六日起，撥行營第二處駐川辦事處經發各部臨時剿匪等費。）

（九）支各月份預付各機關部隊臨時費洋一百九十五萬二千二百三十八元一角四分。（上項預付數係各部預領之築路建築旅運等費，因其手續均未完備，故列入預付數內，已報行營分別核辦。）

（十）支各月份墊支各機關部隊臨時費洋五十四萬玖千六百二十一元正。（上項墊支數係墊支各部購米費及週轉費，尚須分別扣還，故列於墊支內。）

（十一）支繳行營經理處洋一十五萬三千五百九十二元零五分。（上項呈繳款項，係自二月份起，至十月份止，除支各款外結餘之數。）

以上共支洋六百九十八萬一千零零三元八角七分。

收支兩比無存，另附收支對照總表於後。

國民政府軍事委員會委員長行營參謀團
經理委座各款收支對照總表
民國二十四年自二月份起至十月底止

收入	摘要	支出
	收入之部	
415,913.000	1. 收軍政部自二月份起至十月份止先後匯來臨時剿匪費洋	
3,450,000.000	2. 收財政部自五月份起至十月份止先後匯來臨時剿匪費洋	
400,000.000	3. 收行營三月份匯來臨時剿匪各費洋	
1,000,000.000	4. 收八月份奉借中央銀行洋	
500,000.000	5. 收十月份奉借農民銀行洋	
510,000.000	6. 收四川財政監理處九月份撥還洋	
613,311.680	7. 收各機關部自四月份起至十月份止繳還預借各款洋	
88,755.040	8. 收自二月份起至十月份止洋價升水節餘洋	
3,024.150	9. 收自二月份起至十月份止各銀行存款利息洋	
6,981,003.870	收入合計	
	支出之部	
	1. 支自二月份起至十月份止臨時各費洋	1,603,487.780
	2. 支自三月份起至十月份止旅費川資洋	68,940.890
	3. 支自五月份起至十月份止運輸各費洋	52,338.600
	4. 支自三月份起至十月份止築路費洋	574,190.000
	5. 支自五月份起至八月份止建築費洋	57,400.000
	6. 支自五月份起至十月份購置費洋	19,199.740
	7. 支自三月份起至十月份止雜支費洋	173,985.890
	8. 支自八月份起至十月份止撥行營第二處駐川辦處洋	1,776,009.780
	9. 支各月份預付各機關部隊臨時等費洋	1,952,238.140
	10. 支各月份墊支各機關部隊臨時等費洋	549,621.000
	11. 支繳行營經理處洋	153,592.050
	支出合計	6,981,003.870
	兩比結存	0.00
6,981,003.870	收支適合	6,981,003.870

乙、本團經常費

關於本團經費預算，原列數目，均極緊縮；在五月份以前各項科目，月有追加；在五月份以後，僅追加薪餉一項；其他科目，均無變更。茲為明瞭本團經費預算一般狀況起見，以五月份核准數目為標準，按照各項科目，列表於後：

行營參謀團經常費預算數目表

軍需組製

科目		費別		預算數
第一項 俸給	第一目　俸薪	第一節　將官俸薪		4,592.00
		第二節　校官俸薪		4,615.20
		第三節　副官俸薪		2,277.20
		第四節　超級人員俸薪		274.80
		第五節　額外電務員等薪		225.60
		小計		11,984.80
	第二目　津貼	第一節　考績津貼		1,090.00
		第二節　電務室伙點津貼		193.50
		第三節　無線電台及通訊排津貼		250.00
		第四節　附屬憲兵營官兵輔助費		1,826.00
		小計		3,359.50
	第三目　餉項	第一節　軍士餉項		730.00
		第二節　兵卒餉項		1,480.50
		第三節　伕役餉項		1,032.00
		小計		3,242.50
	第四目　乾疆	第一節　馬乾		306.00
		第二節　掌疆		20.40
		小計		326.40
	合計			18,913.20
第二項 督察專員經費	第一目　督察專員經費	第一節　督察專員經費		2,668.00
		小計		2,668.00

科目	費別			預算數
第三項 駐京通訊 處經費	第一目	駐京通訊 處經費	第一節　駐京通訊處 經費	250.00
			小計	250.00
第四項 辦公費	第一目	文具	第一節　紙張	300.00
			第二節　筆墨	200.00
			第三節　簿籍	200.00
			第四節　雜品	200.00
			小計	900.00
	第二目	郵電	第一節　郵電	400.00
			第二節　電費	1,000.00
			小計	1,400.00
	第三目	印刷	第一節　刊物	100.00
			第二節　雜件	100.00
			小計	200.00
	第四目	租賦	第一節　房屋	470.00
			第二節　馬廄	30.00
			小計	500.00
	第五目	消耗	第一節　燈火	400.00
			第二節　茶水	150.00
			第三節　薪炭	150.00
			小計	700.00
	第六目	雜支	第一節　各路聯絡參謀 及值日官伙食	160.00
			第二節　雜支	300.00
			小計	460.00
	合計			4,160.00
第五項 設備費	第一目	購置	第一節　書報	180.00
			小計	180.00
	第二目	修理	第一節　房屋	200.00
			小計	200.00
	第三目	醫藥費	第一節　衛生材料	13.44
			第二節　騾馬醫藥	5.44
			第三節　公雜費	35.00
			小計	53.88
	合計			433.88
第六項 特別費	第一目	特別辦 公費	第一節　特別辦公費	2,190.00
			小計	2,190.00
	第二目	汽車汽 油費	第一節　汽車費	1,740.00
			第二節　汽油費	360.00
			小計	2,100.00

科目			費別		預算數
第六項 特別費	第三目	旅運費	第一節	旅費	7,000.00
			第二節	運費	800.00
			小計		7,800.00
	第四目	冬季煤炭 夏季涼棚 費	第一節	冬季煤炭夏季 涼棚費	
			小計		
	第五目	其他費	第一節	其他費	753.00
			小計		753.00
	合計				12,843.00
總計					39,268.08

說明

編列本團全部經常費預算係依照五月份科目核准預算數為標準，其餘俸薪餉項二節，各月份略有增加。

本團各月份經費預算與實支數比較

（一）一月份

軍政部核准預算數，計洋三萬五千零一十七元一角四分。

實支數洋三萬一千七百二十三元五角四分。

（二）二月份

軍政部核准預算數，計洋三萬六千零一十五元三角四分。

實支數洋三萬一千七百七十六元五角五分。

（三）三月份

軍政部核准預算數，計洋三萬六千零零八元零八分。

實支數洋三萬零六百二十元零二角五分。

（四）四月份

　　軍政部核准預算數，計洋三萬八千二百七十七元七角八分。

　　實支數洋三萬一千四百七十一元八角一分。

（五）五月份

　　軍政部核准預算數，計洋三萬九千二百六十八元零八分。

　　實支數洋三萬三千六百六十九元八角七分。

（六）六月份

　　軍政部核准預算數，計洋三萬七千六百一十九元二角八分。

　　實支數洋三萬一千二百四十七元七角九分。

（七）七月份

　　軍政部核准預算數，計洋三萬七千九百三十五元八角八分。

　　實支數洋二萬九千九百五十二元七角九分。

（八）八月份

　　軍政部核准預算數，計洋三萬八千二百一十九元零八分。

　　實支數洋三萬零六百二十二元一角。

（九）九月份

　　軍政部核准預算數，計洋三萬九千二百二十二元零八分。

　　實支數洋二萬八千九百八十五元九角六分。

（十）十月份

　　軍政部核准預算數，計洋三萬九千二百四十六

元零八分。

實支數洋三萬二千一百三十七元一角。

（十一）十一月份

軍政部核准本團結束經費洋一千八百二十八元三角。

實支數洋一千八百二十五元一角九分。

（十二）十二月份

軍政部核准本團駐京通訊處結束經費洋二百五十元正。

實支數洋二百四十九元五角一分。

以上總計核准預算數，共洋三十七萬八千九 百零七元一角二分。

實支數共洋三十一萬四千二百八十二元四角六分。

兩比，節餘洋六萬四千六百二十四元六角六分。另附預算數與計算數比較總表於後。

國民政府軍事委員會委員長行營參謀團
經常費預計算比較總表
民國二十四年自一月份起至十二月止
參謀團總務處軍需組製

月份＼區別	支付預算數	支出計算數	比較	
			增	減
一月份	35,017.14	31,723.54		3,293,60
二月份	36,015.34	31,776.55		4,238.79
三月份	36,008.08	30,620.25		5,387.83
四月份	38,277.78	31,471.81		6,805.97
五月份	39,268.08	33,669.87		5,598.21
六月份	37,619.28	31,247.79		6,371.49
七月份	37,935.88	29,952.79		7,983.09
八月份	38,219.08	30,622.10		7,983.09
九月份	39,222.08	28,985.96		10,236.12
十月份	39,246.08	32,137.10		7,108.98
十一月份結束經費	1,828.30	1,825.19		3.11
十二月份駐京通訊處結束經費	250.00	249.51		0.49
合計	378,907.12	314,282.46		64,624.66

附記

本團自一月至十月全團經費，及十一、十二兩月留辦結束經費總計，奉准核列預算洋叁拾柒萬捌仟玖佰零柒元壹角貳分。經按各月份預算範圍撙節開支，總計實在支出計算數洋叁拾壹萬肆仟貳佰捌拾貳元肆角六分，預算計算兩相比較共尚節餘洋陸萬肆仟陸佰貳拾肆元六角六分。

　　右表自一月份起，至十月份止；又十一月份奉准留辦結束人員經費，及十二月份駐京通訊處，申請不能按

期結束，奉准加延一月。所有各月份預算數，與計算數比較，月有節餘；業已分別說明。惟辦公費一項，如文具雜支等目，極其緊縮；又因川省百物昂貴，本團範圍無異行營，故每月支出，常感不敷。其餘各項科目，依照範圍力求撙節，每月尚有餘裕。（節餘總數，前表敘明。）茲將各月份收支細數開列於後：

收入之部

（一）收軍政部（自一月份起至九月底止）每月預發三萬元，共計洋二十七萬元止。

（二）收軍政部十月份預發洋二萬七千六百元正。

（三）收本團由預借軍政部週轉費項下墊付洋一萬六千六百八十二元四角六分。

以上共收洋三十一萬四千二百八十二元四角六分。

支出之部

（一）支一月份經費洋三萬一千七百二十三元五角四分。

（二）支二月份經費洋三萬一千七百七十六元五角五分。

（三）支三月份經費洋三萬零六百二十元零二角五分。

（四）支四月份經費洋三萬一千四百七十一元八角一分。

（五）支五月份經費洋三萬三千六百六十九元八角七分。

（六）支六月份經費洋三萬一千二百四十七元七角九分。

（七）支七月份經費洋二萬九千九百五十二元七角九分。

（八）支八月份經費洋三萬零六百二十二元一角。

（九）支九月份經費洋二萬八千九百八十五元九角六分。

（十）支十月份經費洋三萬二千一百三十七元一角。

（十一）支十一月份本團結束經費洋一千八百二十五元

　　　　一角九分。

（十二）支十二月份本團駐京通訊處結束經費洋二百
　　　　四十九元五角一分。

以上共支洋三十一萬四千二百八十二元四角六分。

收支兩比無存，另附收支對照總表於後。

國民政府軍事委員會委員長行營參謀團
經常費收支對照總表
民國二十四年自一月份起至十二月止

收入	摘要	支出
	收入之部	
270,000.000	1. 收軍政部自一月份起至九月份止每月預發經費叁萬元共洋	
27,600.000	2. 收軍政部十月份預發經常費洋	
16,682.460	3. 收由本團預借週轉費內墊付經費洋	
314,282.460	收入合計	
	支出之部	
	1. 支一月份經常費洋	31,723.540
	2. 支二月份經常費洋	31,776.550
	3. 支三月份經常費洋	30,620.250
	4. 支四月份經常費洋	31,471.810
	5. 支五月份經常費洋	33,669.870
	6. 支六月份經常費洋	31,247.790
	7. 支七月份經常費洋	29,952.790
	8. 支八月份經常費洋	30,622.100
	9. 支九月份經常費洋	28,985.960
	10. 支十月份經常費洋	32,137.100
	11. 支十一月份本團及駐京通訊處結束經費洋	1,825.190
	12. 支十二月份本團及駐京通訊處結束經費洋	249.510
	支出合計	314,282.460
	兩比結存	0.000
314,282.460	收支適合	314,282.460

丙、本團各項臨時費預算與實支數比較

（一）開辦費

　　　　軍政部核准預算洋五千一百七十七元四角三分。

　　　　實支洋五千一百七十七元四角三分。

（二）修繕費

　　　　軍政部核准預算洋五百七十二元五角七分。

　　　　實支洋五百七十二元五角七分。

（三）渝廣線長途電話費

　　　　軍政部核准預算洋一千七百九十元零三角九分。

　　　　實支洋一千六百五十九元四角二分。

（四）別動隊搬運彈藥費

　　　　軍政部核准預算洋九百四十四元八角六分。

　　　　實支洋九百四十四元八角六分。

（五）夏季涼棚費

　　　　軍政部核准預算洋五百六十元正。

　　　　實支洋五百六十元正。

（六）購置汽車費

　　　　軍政部核准預算洋四千七百六十七元正。

　　　　實支洋四千七百六十七元正。

（七）衛生材料費

　　　　軍政部核准五月份預算洋二百二十七元四角
　　　　二分。

　　　　五月份實支數洋二百二十七元四角八分。

　　　　軍政部核准七月份預算洋二百四十一元零一分。

　　　　七月份實支數洋二百四十一元三角五分。

（八）臨時經費

　　　　軍政部核准六月份預算洋一千六百九十元正。

　　　　六月份實支洋一千六百八十九元九角二分。

　　　　軍政部核准七月份預算洋一千零五十一元二角。

　　　　七月份實支洋一千零四十四元九角三分。

　　　　軍政部核准八月份預算洋一千零九十九元二角。

　　　　八月份實支洋一千零九十九元一角七分。

　　　　軍政部核准九月份預算洋一千二百一十一元
　　　　二角。

　　　　九月份實支洋一千一百一十二元四角六分。

　　　　軍政部核准十月份預算洋一千九百一十七元
　　　　二角。

　　　　十月份實支洋一千八百八十五元八角二分。

（九）遣散費

　　　　本團及駐京通訊處官兵遣散費洋一千七百六
　　　　十九元一角。

　　　　實支洋一千七百六十九元一角。

總計以上各項臨時費，共核准洋二萬三千零一十八元
五角八分。

實支共洋二萬二千七百五十一元五角一分。

預算計算兩比，共節餘洋二百六十七元四角七分。另附
預計算比較總表於後：

國民政府軍事委員會委員長行營參謀團
民國二十四年各月份臨時費預計算比較表
參謀團總務處軍需組製

區別 費別	支付預算數	支出計算數	比較	
			增	減
開辦費	5,177.43	5,177.43		
修繕費	572.57	572.57		
渝廣線長途電話費	1,790.39	1,659.42		130.97
別動隊搬運費	944.86	944.86		
夏季涼棚費	560.00	560.00		
購置汽車費	4,767.00	4,767.00		
五月份衛生材料費	227.42	227.48	0.06	
六月份衛生材料費	241.01	241.35	0.34	
六月份臨時經費	1,690.000	1,689.92		0.08
七月份臨時經費	1,051.20	1,044.93		6.27
八月份臨時經費	1,099.20	1,099.17		0.03
九月份臨時經費	1,211.20	1,112.46		98.74
十月份臨時經常費	1,917.20	1,885,82		31.38
遣散費	1,769.10	1,769.10		
合計	23,018.58	22,751.51	0.40	267.47

附記

本團各月份臨時費，奉核准列預算數目，總計洋貳萬叁仟零壹拾捌元五角八分。經按各項預算範圍撙節開支，總計實在支計算洋貳萬貳仟柒百伍拾壹元伍角壹分。預算計算兩相比較，尚節餘洋貳佰陸拾柒元四角七分。

　　右表所列臨時各費，係按軍政部核准數目，撙節開支。除五、七兩月份衛生材料費，因各項藥品，向例按每瓶或整體計算；故較預算範圍，兩個共計超越洋四角外。其餘各費，均有節餘。茲將各項臨時費收支數目，開列於後：

收入之部

（一）收軍政部預發本團開辦費洋伍千元正。

（二）收軍政部匯發渝廣線電話費洋一千六百五十九元四角二分。

（三）收軍政部匯發夏季涼棚費洋五百六十元正。

（四）收軍政部匯發購置汽車費洋四千七百六十七元正。

（五）收本團由預借週轉費內墊付各項臨時費洋一萬零七百六十五元零九分。

以上共收洋二萬二千七百五十一元五角一分。

支出之部

（一）支出本團開辦費洋五千一百七十七元四角三分。

（二）支本團修繕費洋五百七十二元五角七分。

（三）支渝廣線電話費洋一千六百五十九元四角二分。

（四）支別動隊搬運費洋九百四十四元八角六分。

（五）支夏季涼棚費洋五百六十元正。

（六）支購置汽車費洋四千七百六十七元正。

（七）支五月份衛生材料費洋二百二十七元四角八分。

（八）支七月份衛生材料費洋二百四十一元三角五分。

（九）支六月份臨時經費洋一千六百八十九元玖角二分。

（十）支七月份臨時經費洋一千零四十四元九角三分。

（十一）支八月份臨時經費洋一千零九十九元一角七分。

（十二）支九月份臨時經費洋一千一百一十二元四角六分。

（十三）支十月份臨時經費洋一千八百八十五元八角

　　　　二分。

（十四）支本團及駐京通訊處官兵遣散費洋一千七百

　　　　六十九元一角。

以上共支洋二萬二千七百五十一元五角一分。

收支兩比結存無。另附收支對照總表於後。

國民政府軍事委員會委員長行營參謀團
臨時各費收支對照表
民國二十四年自一月份起至十月份止

收入	摘要	支出
	收入之部	
5,000.000	1. 收軍政部預發本團開辦費洋	
1,659.420	2. 收軍政部匯發渝廣線長途電話費洋	
560.000	3. 收軍政部匯來夏季涼棚費洋	
4,767.000	4. 收軍政部匯來購置汽車摩托車洋	
10,765.090	5. 收本團由預借週轉內墊付洋	
22,751.510	收入合計	
	支出之部	
	1. 支本團開辦費洋	5,177.430
	2. 支本團修繕費洋	572.570
	3. 支渝廣線長途電話費洋	1,659.420
	4. 支別動隊經手搬運費洋	944.860
	5. 支夏季涼棚費洋	560.000
	6. 支購置汽車費洋	4,767.000
	7. 支五月份衛生材料費洋	227.480
	8. 支七月份衛生材料費洋	241.350
	9. 支六月份臨時經常費洋	1,689.920
	10. 支七月份臨時經常費洋	1,044.930
	11. 支八月份臨時經常費洋	1,099.170
	12. 支九月份臨時經常費洋	1,112.460
	13. 支十月份臨時經常費洋	1,885.820
	14. 支本團及駐京通訊處官兵遣散費洋	1,769.100
	支出合計	22,751.510
	兩比結存	0.000
22,751.510	收支適合	22,751.510

　　綜上所列經臨等費，除經理委員長各款，及本團各月份之開支外。其餘附屬機關，如政訓處，二月份十天經費洋三千九百五十六元一角七分；三、四、五、六，四個月，每月經費洋一萬一千八百六十六元五角，共計洋四萬七千四百六十六元；又六月份，分發各軍師旅之政訓分處十天經費洋九千三百二十五元一角七

分；七、八、九、十，四個月，每月經費（總處及各
分處在內）洋三萬九千八百四十四元，共計洋一十五
萬九千三百七十六元。以上自二月份起，至十月份
止，總計支出經費洋二十二萬零一百二十三元三角四
分。又開辦費洋二萬三千零三十七元，開撥費洋一萬
三千八百四十一元八角，服裝費洋一千五百二十六元二
角五分，以上三項臨時費共支洋三萬八千四百零五元零
五分，合計經臨兩費共支洋二十五萬八千五百二十八
元三角九分，均係本團代領轉發。至於特務、憲兵等
團，及各附屬機關經臨費，多由本團轉發，因在本團
經臨費範圍以外，故未列舉。

第六篇　附錄

一、委員長講演詞

四川應作復興民族之根據地
二十四年三月四日在重慶出席四川黨務辦事處擴大紀念週訓詞

一、四川一切條件完備，應作革命與復興民族根據地。

二、本人此次入川之目的，除督剿殘匪外，在協助省府統一川政，解除人民痛苦。

三、辦事須用科學方法，由小而大，有近而遠，由卑而高。

四、推行「新生活」運動，乃可以創造個人與國家之新生命！

五、警察與軍人，應以身作則，教導民眾，革新社會。

六、望各界同志同胞，努力建設新四川，完成革命建國之使命！

劉主席，各位同志：

兄弟此次初到重慶，見到地方秩序還好，黨、政、軍各界同志，又都能共同努力，一切事情，辦得都有條理，心裡覺得非常愉快。不過兄弟來此為時太短，今天沒有多的話貢獻各位；只就兄弟此次入川的宗旨和觀感所及，約略的說一說：

就四川地位而言，不僅是我們革命的一個重要的地方，尤其是我們中華民族立國的根據地；無論從那方面

講條件都很完備。人口之眾多，土地之廣大，物產之豐富，文化之普及，可說為各省之冠，所以自古即稱「天府之國」，處處得天獨厚。我們既然有了這種優越的憑藉，如果各界同志，大家能夠本著「親愛精誠」的精神，共同一致的努力向上，不僅可以使四川建設成功為新的模範省，更可以四川為新的基礎來建設中國！

中國自古還有一句話說：「天下未亂蜀先亂，天下已治蜀後治」！兄弟在小時候就聽說過，想必各位也都知道的。這句話不是隨便說的，其中確含有很大的意義。我提出這句話，也並不是要來責備四川同胞，乃是說明四川對於國家治亂的關係，與四川同胞的責任之重要。我們無論從歷史的事實來證明，或從四川在全國中所處的地位來看，四川的治亂，確可以影響全國的安危。所以要統一國家，完成革命，必須四川同胞先來負起這個責任；如果四川同胞不能負起革命責任來盡力於革命事業，我們整個革命事業，便沒有完成之一日；因此四川同胞對於革命的成敗與國家民族興亡存滅的責任重大！

四川的地位既如此重要，同時四川同胞對於革命對於國家民族之使命又如此重大，國家民族以及兄弟個人所期望於四川同胞者，當然至迫至切！所以四川各界同胞尤其是黨、政、軍、學各界領袖，格外要認識自己所負的責任，共同努力來完成我們革命的事業——我相信：大家如果能夠一致在總理主義與精神系統之下刻苦奮鬥，一定可以發生最偉大的力量來建設新四川，一定可以擔負起革命救國與復興民族的整個責任！

　　我們中國自光復以來，因為反革命勢力籠罩全國，不僅四川同胞深受戰亂的慘痛，就是全國同胞亦無不受天災人禍而陷於水深火熱之中；所以我們要救國救民，必須從消滅過去割據分爭害國殃民的內亂做起。兄弟這次入川，除督剿殘匪以外，首以解除四川同胞之痛苦為惟一目的。第一步入手的辦法，就是要使四川除剿匪軍事以外，再不見其他的戰亂。此後戰亂不生，消極方面便可以免除民眾的痛苦和犧牲；積極方面便可以從事建設，增進民眾的福利。所以兄弟一方面要以全力協助省政府劉主席建設四川，解除四川同胞的痛苦；一方面要使全川軍隊，本親愛精誠的精神，促進團結，共同一致為國家民族盡到軍人保國衛民的天職；從此以後，使四川同胞轉禍得福，為國家確立復興之堅固基礎。這是兄弟入川唯一的方針，亦即今日四川唯一之急務。希望黨、政、軍、學和各界領袖，從今天起誓立決心，在總理主義之下，同心一德，共同努力以赴之。我相信三年之內，必可建設成功一個新四川，使四川成為實現總理三民主義之中心；完成我們四川同胞對於國家民族重大的時代使命！

　　其次，我們無論在政治、經濟、軍事、教育，或社會任何一方面要求改進與建設；一定要充分運用科學的辦事方法，纔可以事半功倍，發生真實的效果，不致徒勞無功。我們中國過去無論政治、軍事、經濟以及各種事業之所以鮮有成效，不能和人家並駕齊驅，以致國危民困有如今日，就完全因為我們中國一般人，不知道運用科學方法的緣故。我們今後無論要改進政治，治理軍

事，發達經濟，或建設其他各種事業，一定要按照科學
方法去做。所謂科學方法，最重要最基本的道理，不外
大學上所說「物有本末，事有始終，知所先後，則近道
矣」；和中庸上所說「君子之道，譬如行遠必自邇，辟
如登高必自卑」。我們無論辦一件什麼事，第一要將事
的本末弄明白，本末分明之後，才知緩急輕重之分，定
出做事的先後程序；做事的程序弄清楚之後，才有系統
有條理，不致捨本求末，先後倒置。或是緩其所當急，
而急其所可緩，而陷於雜亂無章的狀態！其次，要由小
而大，由近及遠，由卑至高，才能根基堅實，逐漸展進
而達於成功。如果貪多務得，好高騖遠，勢必一無所
成！雖然我們中國現在危弱萬分，非加緊建設事業，無
以應時代的迫切要求。例如我們四川同志固然希望要趕
快建設四川，使成為模範省與革命基礎；但是我們辦事
必須從大處著眼，從小處入手，逐步做去，才能夠得到
確實的成效。如此做法，固然不免多費時間，然而我們
只要本著自強不息的精神，繼續不斷的努力，也一定很
快可以成功。

　　我們民國成立已經二十四年，任何事業，都辦得沒
有實效，就是由於我們過去對於任何事情看得太容易，
圖成的心思太急切，愈想百廢俱舉，愈是一事無成。孔
子所謂「欲速則不達」，孟子講：「盈科而後進」，
應是我們辦事時所應知的道理。所以我們今後無論辦一
件什麼事情，不要好高騖遠，貪多務得，也不要貪圖速
效；要從小處、近處、卑處逐漸推展，日就月將，有始
有終的做去，自然可以達到最後最大的目的。

　　最後，大家還要知道：我們要改良社會，挽救國家，必先改良人民的風習，使人民具備現代國民之修養。新生活運動之目的，就是要由此造成新的國民，建立新的國家；所以新生活運動之能否成功，即為國家民族之興亡存滅之所繫。雖然這種運動，非一朝一夕之功，但也不是很難推行的事，只在各個人覺悟與力行而已！今天在座的各位同志，都是各界領袖，不僅自己個人能夠本著新運的宗旨，按照新生活的要求做到就夠了；更要以身作則，感化人家，使自己親友、同事、部下，以及所接觸的一般民眾都能夠實行，才算達到新運的目的，盡到各位提倡新運領導民眾的責任！

　　建設事業，可以大別之為物質的和精神的兩種。普通一般人只注重物質的建設，忽略了精神的建設，所以一般人民習於腐敗頹唐，放僻邪侈的惡風氣，人心陷溺日深，社會國家一切事業因此不能建設起來；所以革命經過了二十四年，還不能成功。今後我們要使革命完成，使國家民族能夠復興；第一步即須注重精神的建設，換言之，就是人民心理的建設！我們能夠使社會上已往一切頹風惡習掃除淨盡，將人民新的心理新的風氣建設起來，我們革命，才有堅穩健全的基礎；國家民族，才有復興的把握。但是我們要怎樣來建設人民新的心理與新的風習呢？唯一的要道，就是提倡「禮義廉恥」的道德。管子說：「禮義廉恥，國之四維，四維不張，國乃滅亡」，反之，只要我們能復張四維，國家的危亡，必可挽救！因此我說：「禮義廉恥，國之四維，四維既張，國乃復興」！新生活運動，可說就是要復張

四維的運動。再換句話說：也就是精神國防的建設運動！要使禮義廉恥的道德，實現於食衣住行之中。換句話說，就是要使全國國民食衣住行日常生活，革除一般惡劣的習氣，而能切合禮義廉恥的要求，以養成高尚的民德；必須如此，才可以成為現代的新國民。實行新生活的人，必能創造新生命！就個人言，便可以成為社會的模範；就一省言，便可成為各省的模範；設非如此，無論你個人智識怎樣高，本領怎樣好，根本不成為一個現時代的人；一個國家亦復如此，無論文化怎樣高，人口怎樣多，物產怎樣豐富，人家仍舊不當作是一個現代的國家，而認為一個落後野蠻民族，夠不上和他們講平等。像這樣的一個人和國家，當然要被人欺侮壓迫。古人所謂「人必自侮而後人侮之，國必自伐而後人伐之」，我們現在受外國欺侮壓迫，可說完全由於我們國家內部精神上太不充實，太不健全所致。如果我們自己能夠發揮「禮義廉恥」的德性，一切生活習慣，能合乎現代國民的要求；我們精神的國防，自然就可以充實健全起來，無論任何強大的敵人，也不能夠侵略壓迫我們了。所以我們今後一定要做一個現時代的國民；尤其是要做一個本黨黨員和革命軍軍人，來實現主義，完成革命；一定要先從改革個人的惡心理惡習慣起。再以個人為基本，以身作則，來感化所有同志、同事、親友、上官、部下和民眾，使全體同胞從此咸與維新，來為國家民族創造新精神與新生命！

我們從事物質的建設，多少總需要經費；而精神的建設，既是很重要，又不需費用；我們要做事業，就要

從這種不需經費的地方做起。新生活運動就是如此；例如講警察都戴了軍帽，穿了軍服，今天下雨又披了雨衣；但是有些戴得很正，穿得很整齊，精神很振作，態度很莊重；有些戴得不正，穿得不整齊，精神萎靡，態度輕浮，這樣好壞之分，決不是因為經費的關係，祇要他自己隨時隨地加以檢點，自家振作；壞的立刻就可以變成好的。所以如果大家同胞在生活各方面都能檢束自己，規律自己，便可以成為健全的人格，國家的精神建設事業，便可以由此完成。我這次來到重慶，對於民眾生活的精神與規律，暫不必說，這幾天看見警察和一般士兵的行動、態度還有很多的缺陷。大家要曉得：警察和軍人，就是社會的導師，民眾的保姆，除盡力愛護之外，一言一行，都是做民眾的模範。但是一般警察和士兵，甚至一般警官、軍官，還多有不明白這個道理，以為戴了軍帽，穿了軍服，知道一點維持秩序和作戰的技能，就算盡了做警察和軍人的能事，當之而無愧。殊不知警察、軍人除開以保民為天職以外，還負有教民的責任。如果自己做人還不成樣子，又怎樣可以示民以範，使民眾有所效法？又怎能改良一切惡的風習，使社會進步？因為警察、軍人在社會上地位之重要，所以我們推行新生活運動，又要以警察、軍人為中心，負起教練民眾的責任，來提高民眾的智識，改良社會的風尚。因此警察、軍人格外要自重自愛，從本身起，切實做到新生活的要求，然後可以一化十，以十化百，完成對社會國家所負的責任！這雖然是一件很小的事情，卻是為政與革命入手之一個要法，希望軍警界的同志，要格外注意

到才好！

今天所要對各位特別貢獻的，大概就是這幾點意思，希望各位實心體察，本「昨死今生」的精神，自強自立，日新又新，共同一致為國為民為革命而奮鬥，為祖宗國家民族爭光榮！完成新四川同胞的使命！

建設新四川之當前要務
二十四年三月十八日出席參謀團擴大紀念週之訓詞

今日擬將建設四川當務之急扼要提告，在未講之先，關於唱和黨歌有須略為一述者：上次紀念週本人已說明國歌即國家之聲音，唱和必須節奏整齊，音調和諧，蓋不僅如普通音樂之陶冶性情，和樂心志；亦所以養成全國國民共同一致之心理習慣。今後望各同志留心做到，在有音樂之場所，即可隨音樂之節調唱和，極易整齊。

上週省府下令禁煙，重慶市首先限期禁絕，此可以表示省府刷新政治之最大決心，實為四川政治上之一重大紀念。禁煙乃四川當前之要政，此舉果能成功，則四川一切革命建設之工作，必然無不成功。吾人為四川與整個國家前途，不勝慶欣！惟吾人須知，凡政府所不能貫澈之命令，寧使不下；既下命令，則必貫澈到底！過去政治上一般之弊病，即政令之執行，不能持久，不能澈底！此次省府既決心禁煙，頒布命令，雷厲風行，予深信不致再蹈已往之覆轍。惟茲事體大，事實上非僅賴省府少數官吏所能澈底做到，必須我黨、政、軍各界同志，尤其是各界領袖以及社會團體民眾組織各方面一切

熱心為社會服務之分子，共同認識禁煙為救國救民與建設新四川之第一要政，一致擁護省府之禁令，極力提倡勸說，並分途從事調查、研究、設計、監督等實際有效之工作，以協助省府貫澈非常急要之政令。要之：禁煙一舉，實為我川省當局與全省民眾政治能力與革命精神惟一良好之試金石，所望上下一心，共同努力以赴之。

其次，吾人欲刷新川政，必首先取消最惡劣最落伍之「防區制」，使全省事權統一於省府。惟依一般之情形，凡政治上之根本改革，必須有一種使其不得不改革之推動力量，始能必其成功，予故曰：要有良好有力之政府，必須有良好有力之民眾一致信仰而竭誠擁護之也。現在省府有命令，自本月起，全軍餉糧，均由省府發給，全省賦稅，一概由省府統一徵收。各處軍人，如果在三月一日以後，再擅自徵斂各地方田賦，即為違抗政令剝削民眾之反革命！其違法徵收之錢糧，自應由省府照數自其應領之軍費中扣除。我黨政軍各界同志以及全省民眾，更須創成一種絕大的輿論力量，加以制裁。庶幾防區之惡制，從此可以澈底取消，而川局前途，始有一線之光明。

復次，予前次業已述及：今日為政之要，在能善用當地人民之勞力，以完成當地各種建設事業。須知人民之勞力，即國家經濟之動力與政府財政之源泉，如善用之，百廢可舉。我民皆有勞力而獨乏金錢，故政府貴能時使而薄斂。過去各省之政治，乃反其道而行，故民困日深，而財源日竭。今後刷新川政，首當減輕人民之捐稅，善用人民之勞力。徵工即為運用民力最重要之方

法，四川政府雖未嘗實行，聞各處常有土豪劣紳脅迫民眾代營其廣廈，恣睢橫暴，直如「土皇帝」。即此一端可見川民性極純良，四川省府如能本「時使薄斂」之要旨，善用民力，以從事於其自享福利之任何建設事業，必然樂於效命，而且對於政府必愛戴與擁護之不暇！

再次，凡社會國家之建設，首在國民精神之健全；欲求精神之健全，又在乎體質之強健，欲求體質之強健，必須人民有衛生之常識，清潔之習慣，與公共之道德。此即新生活運動中清潔運動之要旨所在；而推行之辦法，最好即由禁止隨地吐痰做起。現在重慶不僅一般人民未能做到，即一般軍警乃至許多著西裝之人物，亦依然不脫此不合時代之惡劣習慣。今後望大家一致實行新生活，先由不亂吐痰做起，切實推行新運，來養成民眾新的精神而為新四川建設之基礎。

以上禁絕鴉片，取消防區，實行徵工，與推行新運，實為建設新四川之當前四大要務。此外尚有數項小事而應注意改進者：

第一、軍政長官乘坐汽車，常以衛士帶槍立於車傍，民間車傍，亦常有人站立。此種現象，乃現在文明社會所未有，適足以表現一般警察與坐車者之無常識，以後應嚴格取締。

第二、現在各高級軍官之衛隊，或站崗軍警，既帶駁殼又帶舊式馬刀，且於刀柄繪以紅綠花紋束以絹條，在其本人或以此為榮，其實此種現象，適足表示其野蠻落伍之惡習！須知兵器乃殺人之工具，必不得已而後用之，上項陋習，望各戒之！

第三、凡軍政長官，欲盡救國救民之職責，必先洞達人民疾苦與社會之弊病；故實地觀察，非常必要。予在贛時曾規定凡主管長官必須每日每週每年平均有三分之一的時間在室外運動來實地考察一切；最好各同志亦本此意旨實行。且外出時必要徒步行，蓋惟此可以隨時隨地細密觀察社會與民眾之一切情況也。

新貴州之建設極易成功
二十四年五月六日出席貴州省政府擴大紀念週訓詞

一、「人盡其才，地盡其利，物盡其用，貨暢其流」乃　　為政之基本原則。
二、希望新省府注重苗民教育及認真禁煙。
三、希望建設新貴州作為民族復興之基礎。

吳主席，各位同志：

今天我們在省政府舉行擴大紀念週，同時貴州新政府吳主席和各位委員舉行宣誓典禮，兄弟前來參加，覺得非常愉快，非常榮幸！現在想藉此機會，根據貴州的特殊情形，將對於新省府幾點很重要的希望和各位說說：

第一、我們無論治理一個國家，或治理一個地方，最重要的一個原則，就是要能「人盡其才」，所謂「人盡其才」，就是凡在我們轄區以內的人，個個要盡量培養其道德智能，發揮其聰明才力，來為社會國家做他所應做的工作，盡其所必盡的職責，而能發生最大的效果。根據這個原則，有一點我要特別提出來希望省政府

以及各界同志大家注意做的，就是今後要注意發展苗民教育。苗民在旁的地方不多見，而在貴州到處都有，其人數雖無確切的調查，但是在貴州全省的人口當中，一定佔很大的一個成數。這些苗民，不僅體魄很好，而且還有其他很多長處；不過教育太不普及，知識比較落後，因此沒有多大的進步；今後如果施行相當的教育，一定可以補救他現在所有的缺點，而能充分發揮其精神與能力，對於社會國家一定能發生很大的效果。所以省政府將來編制預算的時候，我以為至少要撥十萬圓來專作辦理苗民教育的經費。以貴州如許多的苗民，我們每年化十萬圓並不為多，也很容易辦到。我們如果實實在在來推廣苗民教育，效果一定非常之大，這一點要請省政府和一般民眾特別注意。

　　第二、我以為貴州現在與其在極積方面要求建設多少新的事業，還不如在消極方面，先來剷除一切惡的事物；消極的除害工作，先能做好，積極的建設事業，才可以逐漸推進，也自然可以隨之而來。不過我們講做消極的工作，這話還覺籠統；實行的時候，一定要能斟酌緩急輕重，分別先後來做。目前貴州最急要的事情什麼呢？我前次已經說過，貴州流毒最深，人民最感痛苦的，就是鴉片，所以禁煙實為今後建設新貴州的第二要政。今後我們不僅要禁種，而且要禁吸；希望省府能照行營所訂的辦法，斟酌貴州地方特殊情形，來切實實行。禁煙如能認真做到，不僅一般人民的體魄精神，可以恢復健康，因而能充分發揮其智能，達到「人盡其才」的目標；而且過去種煙的土地，都可以改種正當的

農產品，儘量增加有益的生產，而達到「地盡其利」的目標。總之：不禁煙則一切新的事業，不能談到；能禁煙則什麼新的事業，都有希望。今後我們要建設新貴州，一定要由禁煙著手。不過禁煙專靠政府還是不能澈底做到；一定要社會團體各界領袖和一般民眾，大家在新政府指導之下，共同一致擔負這個責任，才可以很快的成功！

　　第三、我希望貴州能在最近幾年內，能真正造成一個復興民族的基礎。我以前講過：貴州並不窮，農產品即自給有餘，天然的富源更到處都異常豐富，只要我們照著「地盡其利」、「物盡其用」、「貨暢其流」的原則來努力。貴州沒有不能在最短時間，成為中國最富足之一省的道理。再就貴州的人民而言，可以說是特別的勤勞，特別的儉樸；只要能戒除鴉片，再想法直接間接的使他們的身體增強，貴州的建設，一定比那一省都要容易而且迅速。還有人說貴州很小，不容易有大的建設，這話完全錯誤，要知道，惟其貴州的面積，比其他的大省較小，人口也比本部其他各省格外的少；但是惟其他方較小，人口較少，所以事情容易做，地方容易治理好，一切的事業進步容易成功迅速！此外，貴州還有一點與其他各省都不同，而為貴州建設前途最便利的一點；就是貴州因得交通不便利的關係，直到現在，還沒有受到任何外力侵略的影響；不僅經濟侵略的影響不深，而且因為地域位置的關係，要算是我們主權最完整的一個地區。現在我們要建設新貴州，絕沒有什麼特殊的故障來妨礙我們！所以貴州最容易建設，也最應迅速

建設成為民族復興的一個基礎。再找不到比貴州還好的地方！我們現在既到了這個地方，便應當儘量發揮大家的聰明才力，為國民革命來樹立一個有力的中心，為民族復興來奠定一個確實的基礎。

　　總之：我們上自主席下至一般民眾，從今以後，大家不要以為貴州很小，很窮，很偏僻；要曉得惟其如此，格外應做革命建設的工作，格外好做復興民族事業！何況貴州還有種種特殊長處與方便的地方；只要我們能因地制宜，發揮其特殊長處，利用其特殊的方便，一般人民更要擁護新的省政府上下一心，共同一致來努力奮鬥，其進步之速與成功之易，一定能超過其他各省！現在人家說那一省是模範省，那一省是進步省，我相信不出三四年，貴州就可以百度維新，成為真正的模範省，真正最進步的，這並不是什麼誇張或鼓吹的話，而是確實可以做得到的事情，希望大家從此以後，在新省府領導之下，同心協力來建設清明的政治，建設繁榮的貴州，使貴州的民眾能夠永久解除痛苦，國家民族能獲得一個復興的基礎，就是兄弟今天出席擴大紀念週向大家所貢獻的幾點意見，希望各位特別努力，完成大家所負的革命使命！

建設新雲南與復興民族
二十四年五月十三日出席雲南省黨部擴大紀念週訓話

一、希望雲南同胞努力建設工業化之新雲南，以為建設新中國之基礎。

二、希望雲南同胞澈底實行新生活，發揚我民族固有之

精神與道德，以奠定復興民族之精神的基礎。

三、青年教育應特別注重體育，鍛鍊強健剛毅之體魄養成活潑進取之精神，使具備新國民之條件。

龍主席，各位同志：

今天兄弟在雲南省黨部參加總理紀念週，得與各位同志相聚一堂，非常欣幸，趁這個很難得的機會，將自己所感到的幾點意思，向大家竭誠貢獻：

昨天我已經和各界領袖大略的講過：我們雲南全省同胞，對於我們的國家和民族，負有一種特殊的責任，居於非常重要的地位；無論就天時、地利、人和各方面看來，雲南種種條件都具備，可以作為復興民族最重要的基礎！惟其如此，我們雲南黨、政、軍以及社會各界領袖，格外要奮發努力，團結精神來領導起全省的同胞，共同一致來建設新雲南以奠定民族復興的基礎！

昨天所講最重要的一點，是就地利而言，特別希望大家努力建設工業化的雲南，以作建設工業化的新中國之基礎。大家要曉得：現在一個國家，要在世界上獨立生存，能與各國並駕齊驅，獲得自由平等的地位，第一重要的條件，就是要工業發達；所以我們中國要能和人家講平等，爭自由，第一件重要的事情就是要使中國能由農業國家進為工業國家！如果這一點不能做到，無論怎樣和人家講平等，爭自由，都無益處！因為農業國家做一天的工作，工業國家不到一小時就可以做好！農業國家多量的原料，只能換到工業國家極少的製造品。由於此種生產力與生產品價格的懸殊，農業國家在經濟上

總居於被剝削者的地位，同時在政治上每每陷於被壓迫者的地位。外國人常說我們中國是農業國家，表面雖沒有什麼輕侮的意思，而實際含義，就是說我們農業國家應當將所有的生產品和勞力供給他們工業國。更明白的講，他們工業國，就是我們農業國的主人；我們農業國就不能不做他們工業國的附庸！我們明白了這層道理，就可以知道今後我們要救國，要求得自由平等，必須趕緊使我們國家能由農業國進為工業國！但是我們的國家如此廣大，當然不能一下子整個的工業化。然則這件事我們應當從那裡做起呢？什麼地方最容易工業化呢？我認定就是雲南！因為雲南地下蘊藏之豐與地面出產之富以及全省氣候之和美，可以說那一省都趕不上，一切工業化的條件都已具備，所以我們要建設工業，就要從雲南做起。有雲南為基礎，逐漸發達各種的工業，然後才能使中國由農業國進為工業國，而實現總理的三民主義，獲得國家之自由平等，兄弟竭誠希望黨、政、軍、學各界同志特別注重工業，領導全省民眾共同建設工業！尤其是各學校對於工業教育要特別注重，能培養出實用的工業人才，則以後工業建設必能事半功倍！不要多少時候一定可以造成工業化的新雲南，作為復興民族的基礎！

其次，各位對於新生活運動的精神和內容，都已經很明瞭，並且已經努力實行。據我看來，雲南這個地方，在未提倡新生活以前，不知不覺之間，早已實行新生活；有許多情形，和現在我們所提倡新生活完全相符。從此以後，希望更能力行不懈！從根本上把國家救

起！新生活的基本精神，就是「禮義廉恥」四維，也就
我們總理所講的「忠孝仁愛信義和平」八德；這四維八
德，實在是我們民族固有的美德。我們今後要建設國家
復興民族，在物質方面固然要使一切產業近代化，以謀
經濟的獨立。但是如果同時不在精神方面，注意發揚民
族的精神，提高民族的道德，則國家的產業和經濟，以
現在所處的環境而論，一定是很難進步，即算可能，也
將成為畸形的發展，前途非常危險，終久不能救國救
世！現在有許多國家，他們的科學很進步，工業很發
達，但是忘了人類是應當互助共存的道理，沒有仁愛、
信義、和平，這些偉大的精神和基本的道德，所以成為
一個侵略者，不但不能救世界救人類，而反要危害人類
和世界！兄弟敢說：如果單在物質方面求工業的發展，
而不在精神方面求民族道德的發揚，是不能自救救人
的。我們要真能挽救國家，復興民族，並且進而拯救世
界，造福人類，必須物質的建設與精神的建設，雙管齊
下，兼程並進！所以我們要復興民族，首先必須恢復我
們固有民族的精神，要建設工業，也必須奠定足為促進
工業建設原動力的一切精神的基礎，然後一切物質的建
設，才能穩健確實；才能對於國家民族發生良好的效
果！我們要倡導新生活運動，要提倡「禮義廉恥」四
維，要發揚「忠孝仁愛信義和平」八德，其目的就是
在此！

　　兄弟敢說雲南這個地方，四維八德這些我們固有的
民族精神和道德，確還沒有喪失；一般的民情風俗，很
多事物都能合乎新生活「整齊」「清潔」「簡單」「樸

素」「迅速」「確實」幾項原則。所以雲南的同胞，今後要澈底實行新生活，將我們民族固有的精神和道德，發揚光大，以奠定發展工業復興民族之精神的基礎，我相信比其他的地方，一定更容易見效。我在未到雲南以前，在各處看到一般雲南朋友和同志，覺得有兩種很好的德性為他省人所不及：一種是「厚道」，還有一種就是「著重」。可以說雲南人的精神、態度、言論、行動，乃至於雲南人所製作的物品，都足以代表厚重篤實的品性，絕沒有輕浮，脆薄的。這兩種精神和德性，就是我們民族固有的精神和德性，我們唯有會著雲南人或到了雲南這個地方，才可以看得見！所以雲南不僅是天時、地利，各方面都具備了做民族復興基礎的各種條件，而且在民性上和民氣上，也保存著我們先民很多的優點。今後只要能澈底實行新生活，將四維八德的精神，繼續發揚光大，前途真不可限量！兄弟到了雲南以後，對於復興民族，實在增加了無限的希望。切盼大家，共同一致，特別為國努力，以完成我們革命的使命。

　　於以上兩點之外，關於青年教育問題，兄弟還有一點意思，要向各位同志貢獻的。剛才我已經提到，雲南要首先作一個工業化的省區，以為新中國的基礎，對於工業教育，必須要特別注意，現在再要補充的一點，就是：我們要復興民族，第一要培植復興民族的人才，要培植復興民族的人才，必須有復興民族的教育。這就是說，我們的教育不僅要能普遍發達，而且一定要因應我們這個國家所處之現實環境，切合我們這個民族之時代

需要；剛才所講要注重工業教育，也就是這個道理。除此之外，我以為最要緊的一個原則，就是我們的教育，總要以陶冶完美高尚的人格，鍛鍊強健剛毅的體魄，養成活潑進取的精神，使其具備新時代國民一切基本條件，能為國家民族而服務盡忠為第一要旨；至於學術技能，還在其次。

我們雲南的同胞，一般的都是厚重篤實，這就是合乎新生活所講的「確實」一個原則。但是我們一切態度行動，單是做到確實還不夠，一定更要能「迅速」，然後才算是具備現代國民普通生活的修養；一切工作，才能增加效能；一切事業，才能加速進展。因此，我們對於一般青年的教育，要特別注意養成其迅速的習慣和技能，而其根本著手之處，則在鍛鍊強健的體魄，養成活潑的精神。世界上凡是強盛的國家，尤其是各新興國家的教育，莫不如此。而我們中國，現在一般國民體質孱弱，行動遲鈍，完全不適於現在的生存；對於這兩點，更非格外注重不可！因此，對於體育，要特別注重，如游泳、國術，尤其各種野外的運動，都要特別的提倡。雲南西接緬甸，南連安南，英法在這些地方自己辦的教育，以及在他們本國所設的學校，無不是以鍛鍊學生的精神和體魄為首要，而以智識技能的訓練為輔助；這就是我們很好的榜樣，我們應當知所取法，努力自強。兄弟剛才說過：要復興民族，必須培養復興民族的人才，而養成人才之道，一方面固然要注重培養青年的國民，一方面還要改造成年的國民，也可以說：要改造我們自身。我們現在負責教導一般民眾和青年學生的人，自己

必須振刷精神，增強體魄，處處要以身作則，不要以為自己年齡大了，無妨隨便一些；務必老當益壯，拿出好的榜樣給一般後進的青年作模範，使他們感動奮發，跟上我們共同來完成復興民族的責任！

今天沒有什麼多的貢獻，只將自己此次到雲南以後幾點平凡的意見，很誠懇的提出來，向各位報告，希望大家加以研究，隨時補正我們過去的缺點，繼續發揚一切的長處，盡到我們雲南同胞對於國家和民族所負特殊的責任。

剿滅黔匪之要領
二十四年四月十日在貴陽綏靖公署對各高級將領訓詞

我此次與諸君在貴陽相見，這種機會，是很不容易多得的；將來革命歷史上，必可以留一個最有價值的紀念。我很希望你們能夠早日得到最後的勝利，完成你們剿匪的使命。惟恐大家到此以後，因為氣候與生活不慣，精神無形懈怠下去，所以自己要特別來到此地和大家來共艱苦，同患難。今天看見大家身體和精神都很好，並且聽到報告，知道前線的一般官兵雖然很辛苦，而士氣卻非常旺盛；心裡更覺得非常安慰！現在想將我們今後剿匪所應當特別注意的要領，和大家講一講：

現在剿匪最要緊的一點，就是大家要曉得作戰不好用呆板的辦法；所有的戰略戰術，都要因地制宜，因時制宜，量敵為謀，隨機應變。無論古今中外關於戰略戰術的運用，第一就是要看敵情的變化，第二就是要看我們的官兵的數量和精神，第三就是要看現在所處的地

形；只要這幾項能審察明白，再根據敵情地形而定出最適宜的戰略戰術，沒有不可以克敵制勝的。古人講「運用之妙，存乎一心」，我們作戰，總不可拘於成法；比方講我們過去在贛南進剿的時候，以軍為戰略單位，要每三師兵力才能來打一路，這是因為贛南的赤匪盤踞已久，力量很大，我們非有三師以上的兵力，不能進剿如意。現在到了貴州，土匪的殘餘勢力，正逃亡之不暇，如果我們再要照以前的辦法，那就不但用不著，而且剿不了土匪；所以我們到了貴州剿匪，一定要適應貴州的匪情地形和貴州的民心，運用最相宜的戰略和戰術。

各位高級將領對於這一點沒有十分注意，因此到現在剿匪還沒有獲得最後的勝利；要曉得你們做了高級將領的人，不專尚勇敢善戰，尤須以智謀勝人，每天每刻要注意研究一切新的情況，和新的戰術；並且要「事能預料」，「得制機先」，乃可以減輕部下的疲勞和傷亡，收到勝利的效果。所以你們做高級將領的人，尤其是在高級司令部做參謀工作的人，對於每天作戰所經過的情況，當晚就要綜合研究，那幾點新發生的情況，以及我們應付的辦法都要馬上研究出來；必須能有這一番精勤刻苦的研究工夫，然後才可以將戰略戰術的學理原則，很妥實的應用於實地作戰；也可以根據作戰的經驗和所得的教訓，發明出新的戰略戰術和得到新的勝利，不致於將最好的研究材料丟去，使我們一般官兵所受的勞苦和犧牲枉費了。所以各級指揮機關每天必定要詳細作陣中日記，不僅是當天佈署和戰鬥的情形要記載，就是每天所經過的道路，所住宿的地方，以及那個

地方的情形、民情等等，都要詳細記載，拿來仔細研究；尤其是新得的情況，和應付的辦法，必須一條一條列好，使主管一看就明白；如果有不對的，他可以隨時改正；有應當通報各部隊的，立即通報；有什麼好的新方法，也就隨時可以應用；如此，才可以天天有新的發明，新的進步；經過一箇較長的時期，再將一切經驗綜合整理起來，就可以得到許多實用的原則。大家要曉得，外國一切講戰略戰術的典範令，並不是一兩個人隨便坐在房子裡可以幾天編得出來的，乃是許多人根據無數實際作戰的經驗研究和整理出來的；所以我們要能運用新的戰略戰術來打敗敵人，消滅赤匪，必須隨時要注意研究和整理的工作，這一段話是講研究新的情況和運用新的戰略和戰術的重要。

大家要曉得，現在貴州的赤匪的情形，與其所處環境，和贛南幾乎完全不同。他現在種種的弱點，都已一齊暴露：

第一、土匪在贛南的匪區以內，因為盤據很久，匪化很深，一切的民眾，都可以為他所用；一切的物質資源，他都可以統制；一切的民情、地形、道路，他也非常熟悉；還有他的偵探網，早已到處佈滿了，對外又可以嚴密封鎖，因之一切消息非常靈通；所以他們處處方便，而我們處處感覺困難和危險，事事全靠軍隊本身的力量，所以土匪每每可以以少數來打我們多數的軍隊，使我們到處受牽制，感於無法應付。但是現在的情形剛剛相反，不僅人民不為他所用，物質無法取給；而且一切的民情、地形、道路，土匪都不熟悉。至於我們的情

形，除具備從前在江西剿匪所有的一切優點之外。現在無論到何處，一般人民都能為我們所用；一切民情、地形、道路，也都比土匪熟悉；尤其是給養、運輸、交通等項，土匪更不如我們的便利，這就是土匪第一個根本的弱點。

　　第二、大家要曉得，現在貴州的殘匪，根本就是在被我們大包圍和小包圍之中，加之貴州四境山川險阻，他想逃竄也竄逃不了，事實上已成為處於兵法上所謂「圍地」和「死地」的「窮寇」。他現在唯一的企圖，便是選定一條最有希望的路線，竄出我們包圍的範圍之外，找到一個地點來休息。老實講，土匪現在在貴州以內就無處可以休息，他如果不能竄出貴州，就沒有辦法，只有一天一天消滅到盡了為止；所以他近來拚命兜圈子，就是要想竄出貴州，跑脫我們的包圍，找到一個休息的機會。土匪惟其逃竄之不暇，所以他不能和我們打戰；只想如何兜圈子，可以欺騙我們，找到一個孔隙跑出去。因此，大家應當曉得，現在剿匪，並不是打力量，比強弱，而完全是打計劃，鬥智謀，土匪現在只顧兜圈子來逃命，他不敢和我們打，也不能和我們打，這就是他們最大的第二個弱點。

　　第三、現在貴州的殘匪，實在飢餓疲困之極，還是人人共知的事實，聽說他們兩三天沒有飯吃，是常事；有時甚至要餓到四五天，才可以找到一點東西吃。但是因為要逃命，又不得不天天跑路，如此疲餓的土匪，當然完全沒有戰鬥力。我們姑且不說一個可以打他十個，至少一個也可以打他兩三個；所以他現在無論如何，是

不能和我們打戰，這就是敵人第三個弱點。

第四、現在貴州的殘匪，因為地形道路都不熟悉，民眾更不能為他所用，所以每到一個地方，必須停滯下來，要臨時派偵探去到他所竄的方向地區，偵查道路和我們國軍的情形，等他偵探回來報告，然後他才可訂好計劃，配備掩護的部隊，方敢前進逃竄。因此，他雖然想逃竄得愈快愈好，但是每到一地，卻又為民情、敵情、地形、道路等等所限制，至少又非耽誤兩天不可。同時他每到一個地方，最多不能停留在四天以上；第一因為停留四天以上，當地糧食被他搜刮吃盡，他便沒有糧食；第二因為我們追剿的部隊，無論如何，遲了三四天便要集結起來攻擊他，他尤其怕前面堵剿的兵力加厚，後面追剿的部隊逼緊，所以過了三天以上必須又要逃走。還有土匪現在的行動，無論如何是要比我們慢；第一當然是剛才所說的受了民情地形道路等的限制；第二因為所有交通的幹路都是在我們手裡，北由梓桐，南達廣西的公路；東起黃平，西達畢節、安順的公路；以及通威寧、盤江的大道，現在都在我們控制之下，土匪一點不能使用。所以他們要爬山越嶺，經過崎嶇的小道，我們可跑平坦的大道，無論他怎麼會跑，我們的速度總可以勝過他們。他逃走兩天的路程，我們只要一天就可跑到。所以以後無論他逃到什麼地方，我們都可以追到什麼地方。我們的官兵固然很辛苦，要曉得土匪比我們不知道更苦多少倍。總之，土匪在貴州境內，無論到什麼地方，既不能停留得好久，又不能跑得很快，所以既不敢和我們打，又不能不和我們打，最後他只有被

我們消滅，這是他第四個根本的弱點。

第五、過去在江西，土匪的游擊和伏兵戰很厲害，我們稍一不慎，就要吃虧；因此大家都覺得很可怕。現在貴州的土匪卻不然，他現在一方面因受地形、道路、民情的限制；一方面受兵力的限制；再因為在我們大包圍小包圍之中；他只想脫圍逃命，不能再將殘餘的兵力分得很散或很遠，如同過去在江西一樣的實施游擊戰或用伏兵戰。他必須集中力量在一點，才可以相機突圍。所以土匪在貴州決不敢分散兵力，如在江西一樣的來用伏兵戰和突擊戰了。還有用伏兵的要旨，不但是要地形道路十分熟悉，而且只能用少部隊的兵力來埋伏，而且要封鎖消息來得嚴密，方能生效。如果他在主力附近地用伏兵戰，我們追擊搜索的時候，一守可以發覺出來，用不著害怕，土匪也決不致如此之笨；所以貴州的殘匪，既不能實施游擊戰，又不能用伏兵戰，我們儘可以放心大膽的進剿，這是他第五個根本的弱點。

關於國軍的優點，以及貴州殘匪的根本弱點，我們既已明白了；便要想方法如何利用敵人的弱點和發揮我們的優點來消滅他；這就要講到今後我們在貴州剿匪的戰略和戰術了，不過在未講之前，對於貴州殘匪現在特長的戰術，和今後的企圖，還得考察一番。

我看現在土匪惟一的長處，就是慣於運用掩護戰術，他只要找到十里或四五里正面的空隙，就可以安全竄過去。他的掩護部隊配置得非常之好，例如此次由息烽的西南石洞向東南竄去，而他的掩護部隊並不配置在東南方面，卻在西南方面離開息烽城十五里的底壩；一

方面掩護他的主力過去；一方又對息烽逼近，使我們在
息烽的主力五十三師，竟被他牽制，以全力來進攻包圍
他主力所竄反面方向的掩護部隊，結果他的主力安全向
東逃走了。他當時配備在底壩的掩護部隊，據我判斷，
最多不過一、二百人，你看他以如此少數的部隊，便牽
制了我們在息烽的一師多兵力，何等巧妙！所以我們今
後要消滅赤匪，必須要研究應付他的掩護戰術，再不為
他掩護的部隊所牽制，而要找到匪的主力來截擊；這些
戰術的要點，等一下我還要詳細講，現在先要將土匪始
終不變的企圖，與最近圖存的另一種趨勢，先在此處告
訴各位。

　　我們由土匪最近幾個月的行動可以看得出，土匪雖
然東逃西竄，時南時北兜圈子，沒有一定的計劃，然而
他有一個根本的決心始終不變，百折不回，就是要向西
竄，以謀打通國際路線；尤其他們匪裡面的俄國顧問因
為要逃命回到俄國，所以一定要這樣幹去。實在除此以
外，他們也沒有一個立足圖存的餘地；所以他儘管有機
會向東、向南或向北亂竄，然而他始終竄不過去。例如
這一次他如果要東竄鎮遠，或北竄鄂邊與蕭賀合股，也
未始可能；但是他仍舊要回頭向西。所以他們今後的企
圖和竄向，我們很明白，我們應當針對他的企圖來剿滅
他。有人說土匪今後恐將竄到盤江入屬，盤踞起來，我
看一定不會如此，因為現在剿匪的地區已是很狹小了；
我們的軍隊行動又很快，無論他如何走得快，過了三
天，我們的部隊一定可以集結起來圍剿他，他一定沒有
盤踞的可能。

　　此外土匪再有一個趨勢，我們應當注意的，就是化整為零。他自從前次西竄失敗回頭以後，常常將一部份散到沿途一帶地方，不僅化成零星的股匪，甚至散成一股兩股潛伏在各地。他們的目的，一方面是想牽制我們的兵力，一方面就是準備以後匪的主力回竄時，作他的嚮應；並想要乘此宣傳匪化裹脅民眾，這些散匪，凡是土匪停留較久的地方，現在都有；我們務必用種種方法，努力肅清。最近蔣在珍在綏陽曾剿滅一營；此外，散在仁懷、古藺、西安寨這些地帶的還很多。所以你們以後在黔西、畢節以南的地區，還可以不必顧慮；如到了黔西、畢節以北的地區，就要特別當心。現在聽說瓢兒井亦有幾百散匪，我想就是他們準備打接應的；而且凡是土匪多的地方，一定就是土匪將來逃竄的道路，大家要特別注意。

　　關於貴州的匪情，都已扼要的分析過了；現在再將我們今後剿匪的戰術，提出幾個要點：

　　第一、要運用小部隊的突擊戰術，出其不意，攻其無備。從前我們在江西剿匪，是用一軍為戰略單位，這是適當時當地的情況。現在到了貴州，無論地形敵情、民情，與江西完全不同。土匪完全困在重圍，臨於死地，而且飢疲已極，毫無戰鬥能力；所以我們只要有一團的兵力，就可以打他一路。而且我們可以縱橫自如，只要有一營一連乃至一排的兵力，就可以限制土匪的行動，予以很大的打擊。所以今後在貴州剿匪，我們要以一團為戰略單位，以一排為戰術單位。我們一方面固然要將主力集結，而一方面更要分出無數的小部隊，在土

匪的四面八方不斷的活動，一有機會，便對土匪突擊，使土匪到處遇見敵人，弄得莫明其妙；一定要如此以小部隊四出突擊，乘其不意，攻其不備，然後才可以打敗土匪。古人剿匪有所謂「小隊牽制」和「相機鵰剿」的戰術，就是指這種辦法。曾、胡時代打長毛收效極大；從前英國和法國人在非洲山地作戰，也是用這種小隊突擊的戰術，當時他們最多五百人一隊。就是過去江西的土匪，也是慣用這種辦法來牽制我們的兵力；今後在貴州，我們如能充分運用種戰術，一定可以剿滅土匪。

第二、我們要估定土匪主力的竄向，注重縱深配備的原則，節節予以截擊。現在土匪最長的技術，就是掩護戰術，我們務必要想法來戰勝他。他要逃竄的時候，由原來的地點直到隘路出口的地區，一定先已偵查明白，掩護周到；出隘路口的時候，也一定衝得很猛；但是一出隘路口以後，他便要趕快逃命，毫無鬥志。而他竄入這新地區的時候，他對地形道路，又要臨時派人去搜索偵查，要重新的部署，這時連到他掩護部隊也沒有；這個時候，是我們最好打他的機會。所以我們以後剿匪，第一就是要以土匪主力逃竄公算最多的方向為基點，並以能隨時兼顧到他第二公算和第三公算所逃竄的方向，在他隘路口以外，離開道路兩側五里十里或廿里的地區，選定相宜的陣地，將我們的主力作縱深配備，預先在那邊等他。土匪逃竄的時候，當然我們沿途要以小部隊監視其掩護部隊，並沿途佯攻其主力；但是在他已派有別動隊，配好掩護隊的地區，我們無論怎樣圍攻是圍他不了的；就是在他出隘路口的時候，因為他是集

中力量，併力死衝，我們要阻攔也是阻攔不住的；在這些他已準備好的地方，我們不必和他拚，只有等他出了隘路口，疾奔逃命的時候，我們或是迎頭痛擊，或是左右側擊，一節一節用我們預先埋伏的兵力來突擊他。如此，那怕我們兵力少，他也必要受很大的打擊。例如此次土匪從虎場、洗馬河直竄到黃泥哨，他的別動隊偵探網和一切的佈置，就是到黃泥哨為止，黃泥哨與觀音山之間就是隘路口，出了這個隘路口，他就趕快逃命，就要臨時派人去偵查搜索。當時，我們的主力，只注意在雞場、羊場、洗馬河、黃泥哨、觀音山等處拚命圍剿，所以沒有得到多大的勝利。如果照我的辦法，早在黃泥哨以南的地區配備一兩團兵力，乘土匪狂奔逃命的時候，節節突擊，他一定要受很大的打擊。我想以後土匪的主力繼續向西竄，他一定要從清鎮與安順之間平壩附近的地區竄過；出了這個隘路口以後，再竄織金、黔西、大定一帶；或是由織金直趨威寧，再竄雲南西北邊境；再不然就是向西南竄到盤江；不過比較起來，還是第一路的公算最多，所以我們以後不必和他在清鎮、安順之線以南的地區來圍剿他，我們的主力應當配備於清鎮、安順之線以北，鎮西街、織金等一帶地區，等土匪主力衝出隘路口來，再來一節一節的突擊他。

關於這個戰術還有幾點要補充說明的：

（一）我們主力的配備，最要緊的就是要能判定土匪主力的竄向；這件事似乎困難，其實非常容易，土匪要向那一方面竄出的時候，一定先有動機可以看得出來。例如此次由楓香壩竄出來，他

先兩天就來占領了倒流水的一點，繼而又占了四牙壩，我在電報裡已經告訴大家，土匪他要逃命，無孔不入，占這兩個地方，就是他準備竄出的最明顯的動機；我們在這一帶地區的軍隊，一見動機，應該集結起來，一方面用小部隊牽制他的掩護部隊，一方面以主力配備於他所要竄的地方，那裡還會讓土匪竄得出來。你們不照我的意旨來辦，所以又被他任意逃竄，這次魯班場、楓香壩之戰就是我們最好的教訓。土匪既竄了出來，又給他偷渡烏江，竄進修文的時候，有人以為他一定會向西南竄去，直趨盤江；我就判斷他決不如此，一定會轉向東南兜一個圈子，然後再向西竄，結果我的話一點也沒有錯；可見土匪的竄向，我們只要注意觀察其動機，是不難算定的。我們既算定之後，就可以沿途節節設伏相機突擊。

（二）關於控置預備隊的位置，最關重要。你們當高級將領的一定要注意研究，大概有一個簡單的原則，就是要形成三角形，最好是等邊三角形：古人配備兵力要成「互為犄角」之勢，也就是這個意思。此次我令周總指揮的預備隊要控置在井壩，就是要與前方重點擺成三角形，無論講戰略戰術，一軍一師一團一營都要如此；不過配備的時候，也不可拘泥，只要如何能因應地形，選定相宜的陣地，能成一個三角形就可以了，亦不必一定勉強要成等邊三角形。

（三）上面所講小隊突擊和縱深配備的戰略，都是注重用伏兵戰。孫吳兵略問答中，分配九地的戰術，幾乎無地不用伏，亦可見伏兵戰的重要。現在我們要剿滅貴州的殘匪，尤其要能發揮伏兵戰的效能，所以各位高級將領，要特別注意研究。

（四）我們在土匪竄進的道路兩傍五里十里或廿里以外的地區先配備兵力，待土匪竄出隘路口經過這道路時，節節突擊，這種仗是最好打了；我們要如何打，就可以如何打；所要緊的，究是要用心研究判定土匪主力竄出的向方和道路，選定適當的地點來配備兵力。

　　第三、要時時以輕兵挑戰，不失敵蹤。土匪的狡計，就是或東、或西，時進、時退；使我們不易判明他的企圖；所以我們無論何時，必須派小部隊向他挑戰，隨他進退，不稍脫離，亦不和他死戰，一方面使他不得安寧，一方面就可以嚴密監視他的行動，偵察他的一切情形，時刻不使土匪脫離我們監視之中，要使我們主力時刻能明了匪情。如此，方不致被匪玩弄於股掌之上，這一點關係實在最重要。

　　第四、要多派別動隊，密佈偵探網。我們要發揮小隊突擊和伏兵戰的效能，當然最要注重偵探敵情，搜索敵探，偵察地形，連絡民眾，封鎖消息等類的工作；所以別動隊必須多派。凡我們司令部所在的地區，四周五十里內外，皆要設法組織偵探網。關於偵探的派遣，有幾個要點：第一要派遠，我們的偵探愈派得遠愈好；

第二要派多，我們偵探的人數要愈多愈好；第三要嚴密，凡我們派出去的偵探，必須十分嚴密，不可有一個為敵人所發覺；第四要廣闊，大概一個師部的偵探網至少要密佈到他周圍二十里至五十里內外的地區。若是講貴陽這個總指揮部所在的地方，我們的偵探網更要嚴佈到貴定、龍里、平壩、息烽、修文、黔西、安順等附近各縣，乃至於佈滿全省。

第五、偵探所極應注意，與最大的任務，就是要探得敵人的高級司令部與其總司令部行進方向，經過的地點，及其宿營駐在地，這比探明他的主力位置所在地還要重要。我們如能探得他司令部經過道路與地點，即可判斷他今明日所在地，如能設法能將他司令乘機或乘襲擊消滅，那就可一勞永逸了；這是我們剿匪最要的第一個目標，千萬勿忘！

第六、行軍作戰要特別注意偵探、警戒、搜索、連絡、掩護、觀測，這六項要務。這個意思，我在廬山訓練的時候，已講得很多；此次特再來提一提，要各位特別牢記勿忘！現在各部隊連絡太不確實，每每電報、電話，以及信件，都不靈捷，以後要特別注意改良，無論縱的連絡，橫的連絡，務求確實。偵探和連絡是要使我們自己消息靈通，相反的一件事，就是要隨時注意封鎖消息，使不致走漏而為敵人所偵悉；還有一點，現在土匪非常狡詐，我們在後方的官兵，隨時要注意預防他假裝為我們的軍隊，混進我們的陣地來擾亂；這些事稍不小心便要吃虧，所以我特別要提一下。

第七、要緊追圍剿，不使休息。現在貴州的殘匪已

經飢疲萬分，恐慌之極，拚命想逃出重圍找一個休息的處所，所以拚命逃竄；如果我們軍隊能夠緊緊跟蹤圍剿，使他不能稍舒喘息；他沿途疾病、死亡、落伍、逃散的便一天一天多起來，他的力量便一天一天損失，到最後整個崩潰完事。反之，如果我們不能緊追圍剿，他到一個地方多停留幾天，甚至盤踞下來，就可以裹脅民眾，搜集糧食，擴充力量了。緊追圍剿，是我們最容易做到，亦是最有效果的戰略，大家務必做到。

第八、要利用夜襲和霧襲。現在貴州的殘匪，異常疲弱，士氣也極端頹喪，這時假若我們利用黑夜或大霧的時候，去襲擊他，一定可以奏效很大，不過用此戰術之先，部下必須有相當的訓練，對於敵情和地形，必須預先要偵查清楚。

我們今後在貴州剿匪的要旨，大概就是上面所講的這幾點。現在我再引孫吳兵略問答最後兩篇中所說的幾句話，略加說明，作為我們今後在貴州剿匪的戰略和戰術的結論：

> 吳王問：「敵在吾圍，伏而深謀，示我以利，索我以旗，紛紜若亂，不知所之，奈何？」武曰：「千人操旌，分塞要道，輕兵進挑，陳而勿搏，交而勿去，此敗謀人法也。」——圍地篇。
> 「山峻谷險，難以踰越，謂之窮寇；擊之之法，伏卒隱廬，開其去道，示其走路，求生誘出，必無鬥意；因而擊之，雖眾必破。」——死地篇。

現在貴州的殘匪，整個的在我們大小包圍之中，所以他是居於圍地。他們不但被圍，而且因為貴州四境的國軍很強大，地形很險峻，例如西邊之金沙江，他便不能渡越過去；所以他簡直是成了陷於「死地」的「窮寇」。孫子兵法上講：「圍地則謀」，土匪既在圍困之中，自然要想方法出詭謀來求脫圍，所以要表現許多有利之處來誘我們去攻他，或用種種方法來偵探我們的情形，同時或東或西時進時退，表現很紛亂的樣子；如同這次在虎場、洗馬河一帶一樣，使我們不容易明了他的企圖，這就是吳王所問「敵在吾圍，伏而深謀，示我以利，索我以旗，紛紜若亂，不知所之？」的情形，在這種情形之下，我們應當如何才可以剿滅土匪呢？孫子所告訴我們的，就是要「千人操旌，分塞要道。」這就是講要分兵，配備於四周各重要地點的意思。此次土匪竄到虎場，我們在開陽、甕安、貴定、龍里各要道，四面都有重兵，這就是「分塞要道」的辦法；本來土匪是跑不了的，但是我們的主力全部只注意他的掩護部隊去打他，所以他的主力因得乘間竄去。如果照我前面所講的辦法，以我們小部隊去監視他的掩護部隊，將主力配置於他前竄的隘路之外，預料他所竄的道路兩側五里十里或廿里的地區，等他出了隘路口來擊截，土匪一定要受莫大的損失。

下面「輕兵進挑，陳而勿搏，交而勿去，」這就是我前面所講「輕兵挑戰，不失敵蹤」的意思。孫子第二段講敵處死地，擊之之法，就是先於適當地點配備伏兵，再故意開一條路給敵人走，走出隘路口以後，他因

為要趕快逃命，一定沒有鬥志，這時乘其懈散，出其不意，攻其無備，當然可以以寡勝眾，獲得最後的勝利。

　　孫吳兵略問答這本書，是吳王與孫子關於九種地形與敵情如何應付的幾條問答，非常簡單扼要，我特別印發給各位，大家一定要詳細研究，實際應用，尤其是最後「圍地」和「死地」兩篇，與目前剿匪的情勢最切，格外要研究精透，隨時應用。不過今天我所講的這些戰略戰術，要能盡其運用之妙，而充分發揮效能，還有一個根本前提，就是從你們高級將領起至一般官兵止，個個人都要明瞭貴州的敵情、民情、地形等等與江西完全不同，所以要將在江西剿匪時那些怕土匪的心理完全改變，個個人要明瞭江西的土匪是真厲害，現在到了貴州，一切的情況都不利於他，這種飢疲不堪的殘匪，可說絲毫的力量也沒有，我們以這許多的兵力；一切的人民都可為我們所用；一切的物資，都可由我們掌握；一切的交通，都可由我們控制；土匪最多不過一萬人左右，現在已陷於我們重圍之中，我們如果還不能將他消滅，那還能做人嗎！？

　　這些道理我們當高級將領的人，要時常向全體部下講明，更要隨時教他們關於戰略戰術的原則和方法，再叫他實地演習。如此，他們當然膽大氣壯，勇敢有為了；一切新的戰略戰術，都可以充分運用，奏效成功；這種訓練部下，轉變心理，振作士氣的工夫，便是作高級將領的人第一件重大的責任和本領，希望大家要做到！

　　最後還有一件事，我歷次所下的手令，都是根據我

幾十年指揮作戰所體察研究出來的學問，所寫出來的東西，你們不好看過就算了，一定要向部下一般官兵講解明白，說：委員長是怎樣告訴我們的；同時，一般官長，也一定要將手令帶在身邊，隨時閱讀，才能得其精義所在，而有所啟發；如到了危難的時候，能拿出來研究，甚可以解救危難或轉敗為勝，到那時你且可以問你部下，委員長平時與我們所說的那一句話，你們還記得不記得？這時他們的精神，就可以更加提起來，膽子也可以更加大起來，就更能夠勇敢殺敵了。大凡上官下的命令總要貫澈到最下級的一般士兵，不僅我的手令要如此，你們一般師長下的命令也要這樣。

今天所講的話，大概就止於此。話雖不多，只要大家能照著切實做到，我相信一定可以在最近期間剿滅貴州的赤匪，完成大家當前的責任。

中央軍追剿赤匪之意義及其經過之成績
二十四年七月在成都對薛部連長以上官兵訓話

薛總指揮，各位官長：

此次你們由江西出發追剿赤匪，經過湖南、貴州、雲南諸省，現在又來到四川成都。盤旋曲折，縱橫馳驅，綜計走了一萬餘里的路程，而且沿途所過，多半都是最險要，最艱難，他人所不敢到的地方。例如諸葛亮五月渡瀘南征孟獲的丞相嶺、孟獲寨這種地方；以及烏江、金沙江、大渡河這些自古有名的地方，你們這一次都走遍了，像這些不怕勞苦，不避艱險，馳驅於邊荒的地域，作萬餘里長征，自中國有史以來，你們要算是第

一次。尤其是我們軍隊此次長途追剿，能夠嚴守軍紀，愛護民眾，到處受民眾熱烈的歡迎，能得到民眾種種的幫助；因此我們軍隊自東至西，由南而北，無論什麼地方，都可以長驅直入，毫無阻礙，這總算是本黨自總理訓練革命軍以來，我們為總理和已死的先烈爭光不少，實在是最光榮的一件事。所以你們不好將此次追剿的成績，隨便看過。要知道現在你們自己看起來雖不算什麼稀奇，或許也不覺得有什麼了不得的價值，其實這一次長驅萬里的追剿，對於主義，對於黨國，實在是得了很大的貢獻。將來後世不僅是革命歷史上最光榮的一件事，而且是我們中華民國歷史上最有價值的一件事。這是薛總指揮和幾位軍長、副軍長、師旅長帶著你們刻苦奮鬥所得的成績和光榮的歷史；大家應當要認識明白，時刻記住，並且從此以後要格外的奮發努力，總要時刻想來保持這種難得的成績，發揚這種光榮的歷史。

　　古人說：「男兒志在四方」，尤其我們軍人更加要立志邊疆，以盡到保國衛民的天職。而且你看歷史上凡是成大功立大業的軍人，那一個不是在邊疆上成功的呢？所以你們此次長途追剿，實為義所當然。現在到了成都，又要出發川北，以後或許還要到甘肅、青海這些地方，都不一定。雖然此後的前進，沒有像在貴州、雲南尤其過金沙江至大渡河那一帶地方的艱難辛苦，但是我們做了軍人，第一便要立志犧牲自己來救國救民，生死早已置之度外。其他一切安樂與幸福，當然更可犧牲；任何艱難危險，一概在所不計。而且此次大家如此長途追剿，可說已經歷盡艱難，曉得天下所謂艱難困

苦，亦不過爾爾。無論氣候如何惡劣，山川如何險阻，道路如何崎嶇，地方如何荒涼，我們都能進去；這是你們此次長途追剿所得的一種最寶貴的經驗，大家應當要記住。

其次，大家要曉得，你們此次長途追剿，到處能得到民眾的歡迎和幫助，到處得到種種的方便，而能夠有現在這樣的成績，這並不是偶然的，乃是你們大家能遵照總理的三民主義和奉行其他的一切遺教，到處能嚴守紀律，愛國愛民所得的結果。所以你們的成功，是由於總理主義的力量，也就是總理主義的勝利。從此以後，大家更要堅確的相信，我們總理主義的力量，可以戰勝一切，我們軍人只要能照著總理的主義努力做去，無論什麼時候，無論到什麼地方，一定為民眾所歡迎，為民眾所愛護；一定可以得到民眾的幫助；如此的軍隊，一定可以達到成功的目的；這也是你們此次長途追剿所得的一種最有價值的教訓。

再次，近年以來，我們的國際環境一天天險惡，國家的危難一天天嚴重；而匪禍之烈，尤為國家心腹之患，必須剿滅土匪，然後國家才有希望。可以說國家興亡，革命成敗，完全在此一舉。土匪在江西雖然潰敗，但是他竄出的時候，足有七萬餘人，如果沒有我們這一路部隊不畏艱苦，不怕危險，跟蹤追剿，他仍舊隨地可以盤踞起來。尤其是在川、滇、黔三省邊區，格外可以停下來，再造匪區，成為川南的大患。我們這一路軍隊追剿萬里，與匪惡戰苦鬥，消滅赤匪幾何，這是另一件事；但是因為我們能耐勞耐苦，跟蹤追剿，結果使土匪

得不到一個稍舒喘息的機會，更沒有盤踞與匪化一個地方的可能，而且他連裏脅民眾的工夫都沒有。因為我們窮追的猛勇，匪軍除傷亡之外，病死的逃走的與落伍的格外多；所以雖然他沿途拚命的裏脅，到現在還只剩下五、六千人，比起他竄出江西的時候，差不多十分之一的力量也不夠了；這就是我們努力追剿的成績，亦就是因為你們有好的長官帶領大家，能夠耐勞耐苦萬里長征，過金沙江不怕熱，過大渡河不怕冷，所以土匪的力量被我們消滅了百分之九十以上，得到現在這樣的成功。由此可以曉得，過去我們追剿土匪，雖然沒有將土匪完全消滅，不無遺憾；但是使土匪不能停留一刻，就是我們的勝利，就是剿匪一個很大的成功。而我們之所以能成功，惟一的原因，就是不怕苦，可見得天下的事情，只要我們能苦幹，一定可以成功。總理教訓我們的，「知難行易」，天下無論什麼艱鉅的事業，只要我們能看明其中的道理，堅定正確的目標，努力作去，一定很容易達到成功的境地，只怕我們自己不努力去作，而不怕不能成功。此次這樣遠這樣難的路都走過了，以後只要能保持這種冒險犯難刻苦耐勞的精神，不斷的前進努力，我們可以擔保你們一定成功，這也是大家此次長途追剿所得的一個最有價值的教訓和經驗。你們應該寶重這種難得的教訓和可貴的經驗，照此繼續努力，來完成你們今後的任務。

　　你們有了現在這種很好的成績和最大的光榮，自己總要時時記得不可忘卻；尤其是你們做連長以上官長的人，格外要知道自己的責任之重大，特別要奮發努力，

刻苦耐勞，特別要以身作則，來教練部下。要曉得你們最少也當了連長，帶了一百個以上的人，連長就是一連之主，操一百餘人生死之權，如果這一百餘人能夠教好，那你一個人便至少可發生一百個人的力量；如果這一百餘人被你帶壞，那就是你為國家減少了一百餘人的力量，就是害了部下，賣了國家。所以部下的進步和成功，就是你們官長的功勞；部下如果壞事或失敗，就是你們官長的罪過。所以你們要能保持並發揚現在的成績與光榮的歷史，要能盡保衛國民的天職，達到救國救民的志願，一定先要救濟部下，教育部下；如要救濟部下，教育部下，就先要我們做官長的自己努力研究學術技能，鍛鍊體魄精神，修養人格道德，一切要做部下模範。你們要曉得，軍隊的好壞，完全就看我們當官長的人怎樣？如果做官長的品德、精神、體魄、學術，事事都能為部下的表率，使部下能成為健全的軍人，能嚴守紀律，為國犧牲，耐苦耐勞，冒險勇敢，那這個軍隊沒有不強的。反之，如果做官長的品行不端，精神萎靡，貪圖安樂，畏難苟安，得過且過，不知有國家民族，只求自私自利；那末，他一般部下也決不會好，這樣的軍隊必是害國殃民，非失敗不可。所以你們一般官長，不僅要對國對家對上官負責，同樣要對自己和一般部下負責。

這一次薛總指揮、李軍長、吳軍長、陳副軍長、周軍長、萬副司令，以及謝、蕭、趙、歐、梁、周各師旅長，你們幾位高級將領，不畏險阻，不辭勞苦，帶了你們一般部下，走這樣遠的路，得到現在這樣大的成功，

實在是不愧為你們的上官，就是你們大家很好的模範。
我剛才講，你們做連長的人，就是一連之主，照外國話
的意思，就是一連的母親，由此你們要曉得，軍隊的官
長，就是士兵的父兄；一般士兵，就是官長的子弟；官
長對於士兵務必要如同父兄對待子弟一樣，盡到種種應
盡的職責。

　　第一要使他們體格好，因此對於衛生要特別注意，
隨時要加以適當的養護，教以衛生的道理，使他們不致
發生疾病，一旦生了病，更要設法使他們儘快醫好。大
家這一次長途跋涉來至成都，雖然體魄精神很好，這
固然很難得，很可令人安慰，但是沿途來還是有病兵，
而到了此地的人，經過這幾個月的鍛鍊，身體應當很強
健的，事實上也不見得十分好，以後希望大家對於體格
要特別注意，強健的體格，實為成功一切事業之根本要
件，以後不僅你們自己要格外為國保重，注重衛生與鍛
鍊，而且要使一般部下都能如此。

　　第二要教他們做人的道理，使他們「明禮義，知廉
恥，負責任，守紀律」，具備現代軍人的精神和道德。
他們如果有不對的行為，立即要糾正和處罰，不好隨便
放任，這就是所謂「恩威並濟」。

　　第三要教他們的學術技能，使他們有智慧，有本
領，可以為國家效力，不致於冤枉犧牲。當然，要犧牲
的地方，我們應當毫不顧惜的去犧牲；但是犧牲一定要
有相當的代價，如果我們犧牲了於國家無益處甚至有害
處，或是因為我們自己懈怠，沒有學術技能而使部下受
到不必要的犧牲，那就是冤枉死了，那我們做官長的人

就對不起部下，對不起國家了。總之，你們做連長以上的官長對於部下，務必負起「作之君（上官），作之親（父兄），作之師（教師），」三種責任；隨時隨地教育部下，無論是駐軍行軍作戰，總要因地制宜，因時制宜，隨機應變，因材施教。例如夏天便要多多練習游泳，冬天便要練習滑雪溜冰，到了山地便練習爬山登峰，駐在荒原便從事墾植；總要我們官長能利用天時、地形，以及士兵的心理，隨時實施種種有效的機會教育。尤其是要照我盧山訓練的精神和我歷次向大眾的訓話，多對部下舉行精神講話，使他們能夠振作精神，常常提起朝氣，努力向上。要知道無論帶兵、教兵和用兵，都要靠我們官長肯用心研究體察，隨機應變，所謂「運用之妙，存乎一心，」就是這個意思。此外還有一點，你們應當注意的，就是：教兵不好專只教列兵，對於一般雜役兵，如號兵、勤務兵、看護兵、擔架兵、伙伕、馬伕等，特別要注意教育和管理才好，因為他們比列兵受教更少，每每容易做敗壞軍風紀的事情，而且他們的人數也差不多要占全體的半數，如果這一半人不注意訓練好，其他的列兵，任你怎麼教得好，也是枉然。

以上已將你們這次長途追剿所得的光榮的成績，和寶貴的經驗，以及你們一般官長的責任講過了。現在再要將此次來四川以後的主要任務特別告訴大家。現在你們來到四川，第一當前的任務固然是剿匪，但是剿匪並不是我們到四川來惟一的任務；除剿匪之外，最主要的任務，就是要來作四川所有的軍隊與民眾的模範，使他們都能受中央革命的影響，和我們共同一致的來努力

做救國救民的革命工作，完成復興民族的革命鉅業。簡單的講，我們這次到四川，乃為宣傳革命的三民主義而來，大家要知道，現在中央革命軍來到四川，四川七千萬同胞，一萬四千萬個眼睛，時時刻刻都在注意你們大家；如果他們看了你們中央軍真正是愛國愛民，能夠不貪財、不怕死、不爭權利，能夠耐苦耐勞，犧牲奮鬥，他們當然會熱烈的歡迎你們，誠懇的敬愛你們，並且盡力來幫助你們。如果你們只掛了一個革命軍的假招牌，仍舊不能真正愛國愛民；那末，七千萬民眾便會厭棄你們，其影響所及，不僅土匪永遠不能剿清，而且國家也就會要淪於萬劫不復的地步了。

大家格外要知道這種對於黨國前途的重大關係，認清自己這種特別重大的任務，而且要曉得我們這種以身作則來宣傳總理三民主義影響於一般軍民的效力，比打仗更要深切偉大得多。所以你們走了一萬多里路，其目的就是要作一萬多里沿途一切軍民實際的模範，將總理的三民主義與革命軍的精神宣揚一萬多里，藉以感化一萬多里沿途的軍民，即所以救轉一萬多里沿途的軍民。過去如此，今後更要如此。凡是到了一個地方，除消極的自重自愛，嚴守軍紀風紀，絕對不擾民，以保持軍譽之外。更要積極的盡力保護民眾，教導民眾，解除民眾的痛苦，並且實際來扶助民眾做種種保安衛生教育與建設的事業。

至於軍隊方面，尤其是今後在四川友軍很多，部隊複雜，大家一舉一動，一言一行，格外要嚴謹，不可有一點輕浮、放肆、浪漫、驕傲的毛病。無論對那一個友

軍，務必一視同仁，相親相愛，本於忠恕之心，待以禮義之道。彼此相見，無論認識與不認識，如果看見他比我們階級大或是雖然一下子看不清階級，而知道他大概是階級比我們高的友軍官長，我們一定要先敬禮，以示親愛之意；這雖是小事，而意義卻很重大。大家要做人家的模範，要使人家敬愛，就要從這些小事情注意做起。又平時彼此之間，如果萬一有什麼小的誤會，一定要遵照紀律，以親愛的精神，好好的解釋，總要平時能意志統一，精神團結，彼此和愛，凡事能互助合作，如此一到戰線上剿匪的時候，才能互相救援，做到共患難，同生死。大家要曉得，國家到了今天這樣危急存亡的地步，軍人如果還不覺悟，大家團結起來救國家，仍舊要分彼此，鬧派別，此猜彼忌，自私自利，那真是做了亡國的千古罪人。所以現在凡是中華民國的軍人，尤其是四川一般很有希望的軍人，大家既是革命救國的志願相同，就務必要團結一致，共同努力。如此，四川與整個國家才能有救，大家才不虛此行，也才可以使總理和已死的一般將士安心瞑目。大家不僅自己要時時記得我們是為宣傳革命的主義，要做一般軍民的模範而來，而且要使部下一般士兵個個人都知道要達到這種重大的任務，都能努力修養自己的品德人格，鍛鍊自己的體魄精神，增進自己的學術技能，並發揮革命生活的德性，直接使自己的德育、體育、智育、群育同時並進；間接就可以使一般的軍隊都能真真實實信仰三民主義，共同一致來為國家民族效力，必須如此，才可以發揚光大你們既有的成績與光榮。

最後，還有一件事附帶要和大家說的，就是，以後你們無論駐軍行軍或作戰，除軍隊裡規定應作的陣中日記之類以外，各人一定更要有個人的日記，每天要將自己所走過的地方之道路交通，山川形勢，民情風俗，以及種種見聞與自己研究的心得，和一切感想都要記載起來；這樣我們走了一個地方才有意義，這種實地觀察所得的知識比什麼記載都有價值，以後隨時可作最好的參考。同時，因為每天能將所見到的東西寫下來，對於自己的學識、經驗、思想和修養上，無形中一定都有很大的益處。你們要曉得，無論那個人，要要像我們這樣在邊遠的地區遊歷一萬多里，不僅是沒有這樣多的經費，尤其沒有這樣好的機會；現在國家供給你們一切，並且有很好的幾位上官帶了大家作此壯遊，並且得到現在這樣的成績和光榮，實在是最難得，最榮幸，最快樂的一回事；所以你們絕對不好隨便看過了就算了，應當要到處留心考察研究，有很詳細的記載。過去沒有寫日記的人，此刻還可以補寫，尤其自此次由成都出發開始，可以說大家的生活和革命事業，又開始一個新的階段，格外要從此寫日記。

我和大家聚集的機會不多，就是同在一個地方，也不能常常見面講話，尤其是像今天這樣在成都聚首一堂來講話的機會實在很難得，所以特別要將你們以後的任務和必要的修養告訴大家，希望你們要切實記住這幾句要緊的話，並且要多看我屢次對一般軍人所講的話，用心體察，切實力行，來達成你們的任務，為黨為國做成一番轟轟烈烈的革命事業。

峨嵋軍訓團之意義及其使命

二十四年八月四日出席峨嵋軍訓團第一期開學典禮訓詞

一、滌瑕盪穢，脫骨換胎，立志做一個現代的新軍人！

二、軍官團乃全國軍人為國為民之唯一的大團體與大家庭。

三、希望各學員虛心受訓，完成現代軍人「德、智、體、群」四育之修養。

四、完全獨立之人格，自強自立之精神與自治自動之能力的重要。

今天我們峨嵋軍官訓練團舉行開學典禮，同時也就是我們在峨嵋第一次舉行總理紀念週。在這個重大的開學典禮和總理紀念週當中，先將我們創辦軍官團的意義告訴各位：

我們既做了軍人，就要盡到軍人保國衛民的天職，完成救國救民的革命事業。要能盡到這種重大的責任，完成這種艱鉅的事業，一定先要知道成功事業的一個根本要件：就是要能集合多數人，群策群力，共同一致向一個目標來幹！無論古今中外，一切的事業，決不是那一個人可以做得成功的，尤其是救國救民這種偉大的事業，無論那一個人，無論他有多大的本領，也不能完成。所以我們大家要盡到軍人的責任，完成救國救民的事業，必須全國的軍人，尤其是全國的軍官，大家要團結起來！惟有團結一致，然後軍人的力量才可以充實，軍人的本能，才可以發揮，也才可以完成救國救民的事業！

　　各位官長學員，都是三、四十歲上下的人，有許多官長，在民國開始的時候，已經參加了軍隊的生活；從民國元年到現在，已經有二十四年之久，而且在這個二十四年當中，大家並非不努力，也並非不奮鬥。但是為什麼我們二十四年來一切的努力，到了現在，都枉然落空，毫無成績呢？這就是因為從前的軍人，大家不知道有國家有民族，不知道軍人有保國衛民的天職；只知道有個人，一味的自私自利，驕奢淫佚，互相爭奪，自相殘殺。所以結果不僅是弄得努力毫無成績，而且奮鬥到現在更使得國家危亡，民族衰敗，社會衰敗，民眾更加痛苦，因此我們軍人對於國家，對於民族，對於鄉里，反而增加無窮的罪過！簡言之，二十四年以來，我們中華民國的一般軍人簡直做了禍國殃民的軍人！這個責任應當由什麼人來負擔呢？我們應當要反求諸己，禍國殃民的責任，從我委員長──全國的統帥起，以至於全國一切的軍官，人人都要擔承！我們既知道自己對於國家民族罪過如此深重，就要針對過去其所以事業失敗，而且增重罪過的原因，趕緊想方法來減輕現在的罪過，洗雪一切的恥辱，進而完成我們救國救民的責任！

　　我們現在創辦軍官訓練團，其目的就是在此。大家進到這個軍官團，就要在今天開學的日子，發一誓願，抱定志向來改革二十四年以來中國軍人一切惡劣的思想行動，洗刷過去一切的污垢恥辱，從頭做一個現代的新軍人，來完成救國救民的新事業！所以大家要曉得：我們進到軍官團，就是從今天開學這一天起，完全澈底變過了一個人──從前是舊軍人，從今天以後，要做

新軍人！舊軍人就是自私自利驕奢淫佚的軍人，互相爭奪禍國殃民的軍人，就是對國家民族罪孽重深的軍人！新軍人就是「公爾忘私國爾忘家」的軍人，真正能夠保國衛民的軍人，犧牲一切來為國家爭人格，為民族爭光榮的軍人，就是真能挽救危亡，抵禦外侮，復興民族，完成革命的軍人！也就是我們峨嵋軍官團所要造成的軍人！古人說的：「從前種種譬如昨日死，以後種種譬如今日生」。大家在今天開學的時候，要將過去一切惡劣的思想、行動，腐敗風氣習慣一概剷除，從此脫胎換骨，做一個嶄新的現代軍人，來增進一切新的道德、學問，開展一切新的革命事業！這就是我們創辦軍官團和大家進到軍官團來受教育最大的一個意義。

其次，大家要知道的：這個軍官團的團體並非我們中國現在所新發明的團體：凡是現代的國家，都有軍官團。因為必須有軍官團來將全國軍人的精神，團結一致，然後才可以發揮軍人的力量，完成軍人的事業；國家才能日臻於文明強盛之域。我們中國何以要弄到現在這樣內憂外患相逼而來，危急存亡千鈞一髮的地步呢？就是由於全國的軍人精神不能團結，力量不能集中，所以力量分散不能充實發揮的原故。可說就是因為沒有一個現代新軍人的軍官團，過去軍人的團體總是拿一個軍官學校，一個講武堂，一個什麼訓練班或某一個地域作範圍而結成的團體，其目的無非軍人關係互相勾結，同惡相濟，朋比為奸而已。所以這種團結，只能算是自私自利禍國殃民的小團體。而不是大公無私救國救民的大團體！惟其如此，所以弄得全國軍人有私無公，有家無

國！不知道除自己一身一家以外，還有一個超於一切身家性命之上的最要緊的國家，如果一旦國家亡了，再不管那一個有多大的權利名位，有幾多的財產，全國的國民以及我們後世子子孫孫都要做外國人的奴隸牛馬！所以我們現在要挽救國家，復興民族，必須首先將全國各地一切自私自利的小團體完全打破，使全國的軍人結成一個大團體！大家群策群力共同一致來努力救國救民的革命事業，實現總理的三民主義！我們創辦軍官團和大家進到軍官團來受訓的目的，就是要統一意志，團結精神，集中力量來完成革命！所以今天在開學的時候，大家應發誓，以後國內決不自相殘殺，決自私自利！從此以後，只知道有我們的黨國和我們的政府。認清唯有共同努力來完成國民革命，才是我們個人和整個國家民族唯一的出路！

軍官團不僅是我們全國軍人唯一的大團體，也可以說就是我們全國軍人的大家庭。因為我們全國軍人本著救國救民的目標共同奮鬥，「不成功，即成仁」！軍官團的大生命就是我們各人的生命之總和。所以我全國軍人的生命是整個的，共同的。如果我們自己一個人小生命死了，還有我們軍官團的大生命，仍舊可以繼續上來完成我們共同的革命事業，使我們共同的生命，繼續發揚，綿延無極！而且我們身後家庭裡一切的善後，也有這個大生命來處理照顧。所以有了我們軍官團之後，就是我們死了，也儘可以安心瞑目。但是要怎樣才可以做到這一步呢？就是除了國家對於為國犧牲的軍人，有特別撫慰優卹的制度之外，最要緊的，便是要靠全國軍人

彼此之間能夠有深厚的感情。現在大家進到軍官團，就
是提高全國軍人普遍的感情之惟一的機會。所以我們創
辦軍官團與大家來此受訓的目的，除了團結精神統一意
志之外。更要特別注意增進感情！使軍官團確能成為全
國軍人最親愛的唯一的大家庭！就這一點而言，大家進
到軍官團，可以說是公而兼私的，兩獲其益！

　　外國不僅全國的軍官，都在一個主義一個國家一個
努力的目標之下有一個系統的軍官團之組織，而且就是
他們全國軍人的家屬，也同樣的有一個組織。例如各國
軍人婦人團，平時軍人舉行什麼大的典禮宴會，他們
也都可以參加，隨時養成一種休戚相關，禍福與共的精
神，儼然成為一個大家庭；一旦戰事發生，他們便母教
其子，妻勉其夫，要他們的兒子或丈夫英勇赴戰，為國
犧牲！要死在前線上，不必再顧家裡的一切！——家裡
一切都有他的中央政府有軍人的大家庭來照顧他各個的
家庭。因此，全國的軍人，都無後顧之憂與身家之慮，
自然能勇氣百倍，奮厲向前，以發揮軍人的力量，完成
軍人的事業！過去我們中國的軍人之所以畏難苟安，貪
生怕死，不能為國犧牲，軍人的家屬以及軍人本身沒有
一個光明正大的為國為民的大團體！軍官團，不能不算
是重要原因之一。現在我們的軍官團，就是要補救這
一個缺憾，特別注意增進全國軍人的感情，藉以發揮
軍人的力量，完成軍人的事業。這就是我們創辦軍官
團第三個重要的意義。

　　關於創辦軍官團最重要的意義大概已如上述。現在
再講一講各位進到軍官團來受訓所應取的態度和努力的

目標所在。我可以告訴大家：我們軍官團教育的目的，並不是要大家有多少高深的學理。高深的學理，決不是兩三個星期可以教成的。我們只希望在這三個星期中，使大家能夠明白做現代軍人的基本道理，能夠具備做現代軍人最重要最普通的知識，從此能奮發有為，從此以後，就得了做軍人正當的門徑，使自己的道德、學識、技能、精神、體格各方面能夠時時不斷的進步，做成中華民國一個真正的新軍官！大家要曉得：我們現在做了國家一個軍官，無論道德、學識、技能、體魄等等，實在很不夠！不僅不能和外國一般軍官比較，而且比他們稍受訓練的新兵都不如，如此，試問軍隊如何不腐敗，國家如何不衰弱！所以各學員進到軍官團，一定要格外虛心受教求學，要曉得過去無論那一個軍隊，那一個學校，或講武堂、訓練班，都只是在講堂上講一些典範令，對於做軍人的大道理完全沒有教到，不但沒有貫注我們做軍人的真精神，連到做軍人的態度行動，亦都沒有教成。所以中國軍人連到普通的敬禮舉手立正，都不成一個樣子。至於著衣束帶，飲食起居，更說不上像一個軍人了。所以我們大家要自覺悟，不僅不配作一個現代的軍官，而且根本還不夠作一個完全的士兵！現在進到軍官團來受訓，一定要從新來學作一個士兵然後方能再學作一個軍官。

　　所以來到軍官團，第一要認識的就是我們要自己當作自己完全是一個新兵，什麼東西，一點也不懂，一切都要從頭來學！現在軍官團教育的方針，第一就是要先學會像外國新所學的知識和動作，然後再來學做軍官的

知識和本領，才可以作一個現代的軍官！以後回到各部
隊去，才可以訓練一般士兵，使他們都能成為現代的新
士兵！建立真正能救國救民的新軍隊！這是講大家來到
軍官團受訓，最要注重現代軍隊新兵所應有的學問、動
作、技能，以及新兵生活和德性等等。——（但並不是
我們現在各軍所訓練的新兵）然後才能教好士兵為國效
命！才不愧對部下和上官，也不愧對國家和民族！

　　剛才所講注重新兵的知識動作等，還是側重於知識
行動方面而言；然而軍官單有相當的知識，還是不能使
部下信服，亦不能訓練出良好的部下，要使部下信服，
能夠練成良好的軍隊，必須於知識之外，更有革命的
精神和高尚的人格。所以大家在軍官團受訓，除求知以
外，特別要注重發揚軍人的精神，修養軍人的品德。具
體的講，就是要發揚我們中國軍人所固有的「智、信、
仁、勇、嚴」之武德。

　　求知與進德之外，還有體魄的鍛鍊，也極為重要。
無論那個人，必須有強健的體魄，然後才有非常的精
神；有非常的精神，才可負重大的責任。尤其是做了軍
人，格外要有強健的體魄，才能克盡厥職，完成使命！
你們現在的體格，實在太差，從今以後，務必特別刻苦
耐勞，加緊鍛鍊。至於鍛鍊的方法，最重要最有效的，
就是隨時隨地要和「日光、空氣、水」，三件自然界的
壓力來鬥爭！無論怎麼冷，怎麼熱，怎樣大風大雨大暑
大雪，我們都不怕他；而且愈是在嚴寒酷暑，狂風暴雨
的時候，我們愈要抖擻精神來和他奮鬥！以後不僅你們
自己要照樣來鍛鍊體魄，並且要訓練你們所有的部下，

都要如此辦法，個個能成為百鍊精金的鐵漢，然後才可以打破一切的艱難困苦，完成救國救民的事業！

　　現代軍人的修養有所謂「德、智、體、群」四育。剛才我所講知識的增進，便是「智育」；品德的修養，便是「德育」；體魄的鍛鍊，便是「體育」。此外還有一個「群育」，所謂「群育」，就是上面所講大家要統一意志，團結精神，相親相愛群策群力共同一致來努力革命的意思。大家要做一個現代的新軍人，便須下定決心，從今天開始，照我今天所講的意思，竭力修養，勇猛精進，以完成「德、智、體、群」四育的修養。一個人最要有完全獨立的人格，自強自立的精神與自動自治的能力，這個道理既明白了，我們就要隨時隨地，不要待上官的督促，亦不待朋友的勸勉，而照著正當的道理不斷的自動的努力做好，成功一個真正的現代軍人，能夠安內攘外，挽救危亡，達成復興民族的目的！如此才不負國家、民族、上官和父母對於我們深切的期望！不負我們自己很辛苦的到軍官團來受訓練的苦心！也才不愧為一個現代的新軍人，和軍官團的一個團員！這就是今天本團舉行開學典禮與第一次總理紀念週中，本團長所特別提示大家的幾點重要的意思。希望大家刻骨銘心的永遠記住，切實做到，以盡到你們軍人的職責，完成你們革命的使命！

二、賀國光講演詞

應劉總司令歡宴講演詞

一月十三日

劉總司令，各位同志：

兄弟奉委員長的任命率領行營參謀團全體官佐入川協助剿匪；到達重慶，即承黨、政、軍、紳、商、學、民眾各界同志熱烈歡迎，兄弟應代表全團官佐向諸君致謝。今日承劉總司令盛筵款待，參謀團不但不敢引以為榮，並且深自警惕，互相勉勵；我們要如何努力，在最短期間，剿滅赤匪，解決四川的倒懸，異日班師凱旋，各界很愉快的備酒歡送，那才是參謀團的光榮。

方才主席致詞，對於兄弟個人獎飾逾恆，愧不敢當。四川為兄弟舊遊之地，且曾在省會留學服務共有七八年之久，至今兄弟個人的生活習慣上，尚留得有不少的痕跡，四川可謂兄弟的第二故鄉。今得舊地重遊，能於全川父老兄弟相見，更得與在坐諸君聚首一堂，在兄弟個人是感覺得有無限的愉快。但有告於各位同人者，兄弟離川雖然二十餘年，究未一日忘情於川省；尤其對於赤匪禍川，關心最切。這次奉命擔任行營參謀團主任，所以極其樂從，並非樂於做官，實係樂於做事，因為兄弟在江西參加剿匪有了五年之久，願將所得剿匪經驗，盡量貢獻協助四川剿匪成功。

兄弟先將赤匪禍贛的情形，合牠竄出的力量略為分晰與說明：

赤匪盤踞江西八年，並曾在瑞金設置偽都，其經過

可分三個時期：

（一）蔓延時期，就是民國十六年至十九年下年；本
　　　期，因政府忽視其事，以致使其蔓延。

（二）猖獗時期，就是二十年至二十二年四月止，本
　　　期剿匪方法不得要領，民眾受其欺騙，甘心附
　　　和，甚至軍隊也有被其蠱惑而投匪者。

（三）沒落時期，就是二十二年五月至二十三年底，
　　　本期開始，委員長在江西設行營，改訂編制，
　　　改良戰術，注重封鎖，組織保甲，訓練民眾，
　　　建築碉堡，修築公路，架設電話，整飭軍紀等
　　　等，以三分軍事，七分政治的原則，與硬幹、
　　　實幹、快幹的精神，使匪既不敢攻，又不能
　　　守，匪區日漸縮小，匪力日漸消滅，而且匪軍
　　　官兵感於不是打死，就是困死，匪區民眾感於
　　　富人診窮，窮人診死，大家有此觀念與覺悟，
　　　紛紛來歸，全體瓦解，所以五次圍剿成功。

　　當其猖獗之時，幾致蔓延全贛，波及鄰省；其時間
不可謂不長，勢力不可謂不大，終因國軍努力奮鬥之結
果，將其主力擊破，全體崩潰。在行營本是剿撫並重，
滿擬就贛聚殲；無如防堵者因部署上欠妥，時間上不
及，以致朱毛兩匪率其殘餘，突圍逃竄。計其逃出兵
力，有偽第一軍團之第一、第二、第十五師，偽第三
軍團之第四、第五、第六師，偽第五軍團之第十三、
第三十四師，偽第八軍團之第二十一、第二十二、第
二十三師，偽第九軍團之第三師；以上每師三團，共
三十六個團，外加雜色匪部約四個團，其每團槍枝約

六百，共計有槍二萬四千枝，沿途經國軍與民眾繳獲約一萬四、五千枝，剩餘槍枝僅在一萬以下，子彈少者僅數顆，多者亦不過二、三十顆；且其兵士多係在江西強迫徵募，遇機則逃，遇打則散，不堪一擊，邇來流竄於川、黔邊境，確係狼狽疲，已成強弩之末。就整個而言，剿匪軍事已至最後階段，消滅中國的赤匪，絕對不成問題，吾人可抱樂觀。但是就四川局部而言，既有徐匪向前盤踞川北，復有朱毛股匪圖竄川南，蕭賀股匪企圖西進；川省現時的情勢，不可謂不嚴重！中央有鑑於此，認為不是四川局部問題，乃是國家整個問題，一面責成地方軍隊剿辦，一面由中央增兵西援，分途追堵與進剿，尤其對於朱毛股匪，總是窮追，絕不放鬆一步，必須達到殲滅為止，此可告慰於同人的。

　　惟查過去川省參加剿匪，兵力約在二十萬以上，比較赤匪人數大若干倍，徒以彼此散漫，未能聯絡一致，力量不能集中，故予匪以可逞之機。現中央為統一事權，集中力量，以便節制指揮起見，仍責成劉總司令負四川剿匪全責；並設行營參謀團，便於就近督促與指導，協助剿匪成功，明定賞罰，以資策勵。吾人今後要首先認定民國二十四年為四川剿匪年，黨、政、軍、紳、商、學暨民眾應該全體動員，抱定有匪無我，有我無匪的決心，共同努力奮鬥，撲滅全川的赤匪，完成剿匪的事業。我們要曉得赤匪的蔓延，小則可以蹂躪一省，危害地方；大則擾亂全國，滅亡種族，甚至影響世界的和平。我輩為個人計，為桑梓計，為國家民族的前途計，為維持世界的和平計，大家要起來齊心努力的消

滅窮凶極惡的赤匪。

　　劉總司令為四川剿匪的軍事領袖，參謀團在整個剿匪立場上，自應予以充分協助；不過這種贊助，是對事的，不是對人的；是要使剿匪的軍事進行順利，不是扶持個人勢利發展；這一點兄弟是要鄭重聲明的。我們希望劉總司令體念中央倚畀之重，與川省人民受禍之烈，領導川軍，完成剿匪全功，解除民眾痛苦，為民族復興的偉人，為桑梓造福的救星；並希望川中各軍事領袖，當此剿匪通力合作之時，應秉承中央意旨，在劉總司令指揮之下，精誠團結，協同動作，平定川局，同為黨國的偉人，桑梓救星。總而言之，凡此次參加剿匪者，如劉總司令，各軍事首領，及本團，今後要同心協力努力奮鬥，消滅赤匪，是我們共同應盡的責任。防匪滋蔓，甚於防堤，以後無論任何方面，或不努力，或陽奉陰違，以致影響剿匪全局，在軍事上，固應受相當制裁；而國人唾罵，同人指責，即是本人將來流亡在外，不理於人口，捫心自責，也要受良心的裁判。須知今日剿匪，即是救國家、救民族、救自己，又要曉得安內始可以攘外；國難當前，這是我們軍人應有的覺悟！

　　還有一句話要說明，服從劉總司令來剿匪，即是服從中央，服從蔣委員長。

　　至於川中各軍事首領，或係多年袍澤，或係舊日學友，參謀團抱定公平誠懇的態度，一視同仁，決不厚此薄彼，有所軒輊。

　　目前四川的情勢嚴重，這是不必諱言的；不過一部歷史告訴我們，凡是逃竄入川的流寇，都是自取滅亡，

沒有一個成功的。明末的張獻忠和太平天國的石達開，就是兩個很明顯的例子。朱毛殘匪，此次逃竄入川，無非是自找沒落。祇要事權統一，力量集中，大家同心協力的來消滅這殘餘疲勞的赤匪，是絕對不成問題。兄弟謹借席上一杯酒，預祝四川剿匪成功，並祝在坐諸君康健！

應重慶各界歡宴講演詞
一月十九日

重慶的黨、政、軍、紳、商、學、各界諸位同志：

兄弟此次奉命率領參謀團全體官佐入川，初到此地，即得著了一個很深刻的印象，就是黨、政、軍、紳、商、學各件的負責同志，和重慶全市的民眾，萬人空巷的來歡迎我們。今天又承各界歡宴，兄弟代表全團致謝！但是我相信這種歡迎，決不恭維兄弟個人，亦不是一種無聊的應酬；他有很大的意義，就是全四川七千萬民眾竭誠擁護中央的表現。並且他們相信中央能夠在最短期間，剿滅禍川的赤匪，安定川局，解除他們的痛苦。大家有這擁護與信賴中央的精神，有這樣團結參加剿匪熱烈的情緒，即就今天宴會而言，就是共同合作的表現。將來軍隊與民眾彼此團結，打成一片去努力奮鬥，我相信四川的赤匪是不足平的，川局是容易安定的。四川各界所渴望的，就是剿匪與安川；現在兄弟先就剿匪來說，朱毛圖竄川南，徐匪盤踞川北，情勢都很嚴重。但是中央認為四川的匪禍就是中國整個匪禍，特別的關切，所以派本團入川，協助劉總司令剿匪，負監

督指導的責任。兄弟近與各軍事首領晤談，都有澈底的覺悟。我相信今後事權可以統一，力量可以集中，動作可以協同；加以劉總司令對於川南、川北剿匪部署，已有嚴密佈置；中央軍隊，如徐源泉總司令部隊，上官雲相總指揮部隊，已經陸續西上，尚有繼續的部隊源源而來，所以關于消滅赤匪，是可抱樂觀的。

再就政治而言，現已改組省政府，完全責成劉總司令，統一事權。其中最緊要的，就是統一財政，打銷防區制，減輕人民負擔；此事中央已派有財政專員調查與籌備，在短期內，定可達到目的，此又可為諸位預先告慰的。

兄弟是一個武人，在江西參加剿匪工作五年之久，始終其事。關於赤匪軍事情形，固然知道較詳；關於赤匪欺騙群眾，及殘酷行為，提出幾點附帶向各位報告：

一就民眾而言：赤匪所謂土地革命，農民以為分田可以足衣足食，那知事實不是如此；譬如農民分了五畝田，必須每月幫匪軍及偽政府，做工十天；好容易苦做，收穫了一點穀子，必須繳公家半數；此外不時還要借穀。又有所謂節食運動，一次、兩次，乃至數次；每次三升、五升不等，以致完了挨餓為止。還有所謂飛機捐、慰勞捐等十餘種苛捐雜稅，到了後來又要強迫人民當兵，不從者加以反革命的罪名處死。就江西興國而言，原有人民約十七萬，到後來僅有一萬餘人。總而言之，無非鬧得家敗人亡為止。所以江西匪區民眾，見了國軍克復興國，表示熱誠歡迎。

二就婦女來說：更是花樣離奇，赤匪教他們打破婚

姻制度，摧殘他們的家庭組織，教他們打破廉恥貞節，實行獸性亂交；姿色美麗的婦女，要組織慰勞隊，去供給匪首作玩具；姿色平常得或有點力量的，就編成縫紉隊，洗衣隊，去作匪軍的發洩品；可憐雪白冰清的婦女，在匪勢壓迫之下，過著這寡廉鮮恥的娼妓生活。稍有血性的，因受不了這種糟蹋，莫不紛紛的投河、吊頸、吞金、服毒，實在數不勝數。而牠們一般禽獸似的，還要爭相圍睹，鼓掌歡笑，快樂得手舞足蹈。還有一件傷心的事，我們江西剿匪軍隊中，有一位軍官，打到寧都原籍，找尋他的老母，據說匪區例規，不准有鰥寡，已將他的老母強迫擇配，試問這還成什麼世界？

三就軍隊來說：他們的匪軍完全是匪黨的工具，政治委員一意孤行，不管他們死活，鬧到不是打死就是拖死，還不敢說話，稍有偶語，即行槍斃。以前對於國軍，先以甘言欺騙投匪，一入其彀，官長則設法制死，例如李明瑞、李振桐，帶隊投匪，打戰又令他打前陣擋炮火，死而後已。

四就殘酷來說：有田地者，有資本者，有智識者，呼之曰土豪劣紳，概行處刑；就是附和赤匪者，在從前總不免有得罪人的地方，終被報復，以反革命處死。曾記得民國十九年下年在東韶，二十年在東固，每次一氣殺人數千，故有所謂千人坑萬人坑之說，殺人放火，成了家常便飯，所以我們收復江西匪區，人民房屋大都沒有了。還有一段慘事，朱毛殺人，有時先以豬毛刺其陽物，謂你才曉得朱毛的厲害，其慘酷竟至如此。我們要曉得窮凶極惡的就是赤匪，甚於洪水猛獸。

　　民國二十四年是四川的剿匪年，各界要全體動員，更要人人要抱定有匪無我，有我無匪之決心；有錢者出錢，無錢者出力，共同努力奮鬥，消滅萬惡的赤匪，萬不可過事消極，以為天倒下來，有長子可頂，不知長子頂不住，矮子還是要頂著。江西有一個民眾協剿會，就是捐錢出力的機關，協助剿匪得力很大；希望四川人士也照此辦理，一定是可以成功的。四川匪患既平，再將政局趕速安定，我相信四川地大物博，在剿匪軍事結束的最短期間，必能恢復四川在全國中舊有的地位，創造一個新四川。

參謀團紀念週講演詞
十月二十八日

　　各位同志：本團奉令於十月底結束，歸併行營，趁今天為本團最後紀念週的機會，把入川以來的經過，和四川軍事政治的近況，向各位作個總括的檢討。

　　本團自去年十二月間奉命入川，稟承委員長的意旨，仰體委員長的精神，負軍事政治監督指導之責。當時四川情形，土匪則北有徐向前，盤踞通、南、巴已久，勢很猖獗。川南朱毛，又已渡過烏江，達到桐梓以北，幾有直撲重慶之勢。四川軍隊，指揮素不統一，意見分歧，不能合作。政治方面，防區各自為政，苛捐雜稅甚多，人民苦不堪言。本團受命於艱難之際，想完成入川的使命，自然是很不容易。今年一月十五日，到達重慶，市民萬人空巷，十二分地熱烈歡迎，一面可見川人望治之殷，一面復感本團責任之重；本人不以為榮，

卻以不能達到任務為慮，乃終朝籌劃，決定各項辦事的方針：

　　（甲）勉勵本團同人。

　　（乙）整飭綱紀。

　　（丙）軍事：

　　　　一、調協各軍感情。

　　　　二、指導剿匪作戰。

　　（丁）政治：

　　　　一、打破防區制。

　　　　二、廢除苛捐雜稅。

　　　　三、裁減軍隊。

　　　　四、穩定金融。

　　　　五、設置行政專員。

　　　　六、整理保甲團隊。

　　　　七、建築公路。

　　　　八、工業建設。

　　　　九、整理財政。

　　委員長於三月一日蒞臨重慶，我們一切事情，有人指導，更覺容易一些。至於我們預定辦事的方針，得隨時向委員長請示，進行越是順利得多。

（甲）勉勵本團同人

　　對內部定立六條守則，以勉勵本團同人，即操守務須廉潔，處事務須公誠，言行務須謙和，行為務須檢點，服裝務須整齊，工作務須勤奮，使全體同事，共同

遵守，俾四川軍事長官，和全省百姓，都知道我們是秉
承中央意旨，來幫助四川軍事和政治領袖劉甫澄先生做
剿匪安川，完成國家和地方統一的工作，並沒有其他觀
念；且以身作則，轉移風氣，更用以公制私，以誠制巧
方法，藉謀工作上之順利。

（乙）整飭綱紀

　　四川軍隊，最大的毛病，是由賞罰不明，綱紀廢
弛，退敗者無過。本團到川，適貴州第二十五軍副軍長
侯之擔，在烏江戰敗，不到前方整理部隊，反敢擅自獨
到重慶，本人深覺賞罰不明，不足以整飭綱紀；就與劉
總司令妥商並稟奉委員長批准，把侯之擔看管，以示懲
一儆百之意。因之士氣漸旺，收效極大；嗣後關於軍事
上政治上之優劣，隨時稟承委員長，均有獎懲。

（丙）軍事

一、調協各軍感情

　　四川將領，向來意見分歧，不能合作，這是無可諱
言的。本人抱定公平誠懇的宗旨，盡力做拉攏工
夫，一視同仁，調協感情，使各軍步調一致，努力
剿匪；所以四川各軍，逐漸團結起來了。

二、指導剿匪作戰

　　關於剿匪方面，可分三個段落：

　　　　（一）當朱毛殘匪，由贛南突圍西竄，一般
人都揣測他是想打通赤匪所謂「國際路線」，這種
觀察，是有些偏見的錯誤。其實就只有一種亡命亂

竄的企圖。匪原來的目的，是想竄入湖南，與蕭賀
股匪會；迨到湖南境內，因受國軍圍剿與追擊，損
失很大，所以才經桂邊，竄入黔境，朱毛以川省內
部既不一致，經濟又復充裕，本有意窺川，其先頭
已達桐梓之北，想先擾重慶，適本團到達，當和劉
甫澄總司令商洽，並說明朱毛刻下實力，槍不過一
萬二千，人約二萬，迭受追擊軍痛擊，疲憊不堪，
劉總司令遂毅然集中兵力，調赴川南邊區堵擊，果
然南路總指揮潘文華率所部在赤水、土城、東皇殿
一帶，大獲勝利，重慶之得轉危為安，這都是潘文
華、郭勛祺等的功勞。匪因竄擾重慶的計劃，完全
失敗，就改竄瀘州、宜賓；那時潘部，都很奮勇，
每日能追一百數十里，趕到高、珙一帶，把殘匪攔
住。匪乃南竄牛街，又被滇軍痛擊，復回竄古藺、
仁懷一帶，恰逢中央各路軍，也趕到遵義一帶西向
夾擊。匪勢窮蹙，狼奔豕突，往來於川、黔邊區，
跑了好幾個圈子，因山峻地險，處處被我軍圍截，
貴州地瘠民貧，無食可掠，又想跑到雲南；前被滇
軍堵擊，後被中央軍尾追，乘隙竄到貴陽附近，又
逢委員長正在貴陽，躬親指揮，殘匪更受重大損
失，幾乎完全消滅。朱毛乃率殘部，乘虛遠繞黔
南，深入滇境，偷渡金沙江，圍攻西、會不逞，越
大渡河分竄瀘定，進窺雅安。他們以為劉文輝部不
能抵禦，友軍未必援助，容易竄入。在這個時候，
楊森部恰已調在滎經、漢源一帶，卻很努力，將匪
截擊數段，並把匪的中堅幹部消滅，死亡很多。朱

毛受了這個痛擊，才知道四川各軍，已經能夠通力合作，並不是從前那樣的情形。這樣看來，雅安等處，沒被赤匪蹂躪，卻又是楊森的功勞。匪因圖竄雅安、漢源不遑，乃繞道天全、寶興，而入懋功，又被楊森部節節痛擊，靈關一役，匪軍幹部團，幾全消滅，直追至懋功、撫邊而後止。是時，余松琳部防守丹巴、崇化、綏靖，沿大金川西岸已形成包圍之勢矣。

　　不過我們還有點遺恨，就是當匪偷渡大渡河時，守軍如能同樣努力，我敢斷言，可把朱毛全部，消滅在大渡河的安順場地方，往日擒捉石達開，就在是處，從西昌到安順場渡大渡河，地勢險要，消滅赤匪，極其容易，因守軍不很努力，沒有達到我們的目的，這是我們抱恨的事情。

　　（二）再說徐匪向前，原來盤踞通、南、巴一帶，本團入川以後，即屬行我們在江西時，剿匪最有成效的碉堡戰術，一面封鎖，一面進剿。當時徐匪，急欲突圍，率其匪部，北竄漢中不遑，忽又折回，適羅澤洲部，追至儀隴、閬中中間地區，疏忽工事，受重大損失，致匪勢更兇；尚幸李其相部，在儀隴固守，還能支持；匪之不能得逞於東川，乃是李其相的功績。徐匪向南北兩方突圍，既不得逞，乃西向嘉陵江試渡，不料田頌堯部守兵鬆懈，竟能由廣元、閬中間渡江。依此次徐匪突破嘉陵江之教訓，我相信川軍不儘是疏於工事，最大的毛病，就是高級長官，不負責任，長在後方；師

長把任務交給旅長，旅長把任務交給團長，團長交給營長，營長交給連長，連長交給排長，排長交給班長，班長交給老百姓，層層委卸，不負起各自的責任，竟讓赤匪不費力地，安然渡過天險似的嘉陵江。這件事情，田總指揮，因之撤職；但以後各將領，也多覺悟，痛改前非。

當徐匪渡過嘉陵江時，大有進窺成都的模樣，幸賴鄧總指揮錫侯，獨立支持，把所有部隊，調集堵截，成都保全，可說是鄧總指揮的功勞。匪攻江油，鄧部楊曬軒旅，固守孤城，數十餘日，卒未失陷，這是值得我們欽佩的，我們應該把他當作一個模範軍人，王纘緒部，當時因部署關係，本擬由南向北截擊，外間不明，責其未能向西堵擊，未免錯怪。迨後確知匪部主力西移，故繞道三台，向羅江、綿竹一帶轉進兜剿，至匪由涪江過岷江，是守土門、茂縣的隊伍不力。土門天險，如能死守不失，匪一定不能越過岷江。當時也有人攻擊他不戰而退，這點我以為有解說明白之必要，並非不戰而退，不過該部隊伍，作戰不力，以致失卻了土門；至於茂縣則確係不戰而退，咎無可辭。

（三）再說朱、毛、徐各匪，在理、懋合股以後，即互相怨懟；朱毛責徐匪，不應放棄川北通、南、巴；徐匪責朱毛股匪不該長時困守贛南；以故雙方存有意見，互相衝突。迨後北走草地，抵阿壩、包座一帶，既感氣候地形之困苦，又受番兵之痛擊，損失極大，於是北奔與南竄，毛、徐主張

不一，終至毛匪帶林、彭殘部，竄往甘、陝。朱、
徐匪部，則回竄理、懋一帶。理、懋天氣寒冷，糧
食缺乏，再過些時，非完全凍死不可。要想突圍，
假使碉堡嚴密，其勢自不可能；惟川軍防守多係鬆
懈，工事亦極疏忽，遠戍邊陲，衣食均感缺乏，
此點未敢抱樂觀，且以為慮。關於軍事的報告很
多，因時間關係，不能多講，這不過就其大概言
之罷了。

（丁）政治

一、打破防區制

四川從前完全是防區制度，防區之內，各自為政，
省政府命令，不能達到各軍防區。其縣長局長，全
由駐軍委任，省政府未委過一人。本團入川以後，
各軍防區，漸次打破，首由鄧總指揮於三月一日省
政府成立之時，交還省府各種政權；楊總指揮亦於
四月間，首把他的軍隊，從川北調到川南，離開防
地，也把政權交還省府。由是各軍都將政權交出，
離開防區。現在四川省政府，政治已經統一，一切
事情，比從前好辦得多。

二、廢除苛捐雜稅

四川苛捐雜稅，以前有數十種之多，人民苦不堪
命。本團入川以後，就與四川省政府商量，取消各
種苛雜，改為一年一徵，附加軍費三倍，就是一年
四徵，四川田賦極輕，如果一年僅僅四徵，人民並
不算吃苦，比之別的省份一年一徵，輕重大略相

同。所以四川百姓，擔負是比從前減輕了些。

三、裁減軍隊

查四川全部，約有三百五十團之眾，軍費年達六千
餘萬之多，長此以往，人民何能負擔？於是規定軍
隊與經費，先裁三分之一，各軍均能體諒此旨，不
數月裁就。其編餘官長，亦設立軍官分校，分班予
以軍事，或職業之訓練，有所安置。

四、穩定金融

四川金融，以前異常紊亂；本年一月時候，申鈔一
元要換川鈔一元六、七角之多。四川地鈔，已發行
到三千餘萬，因現金準備不很充足，以致匯價時漲
時跌，錢價不一。我們設法穩定四川金融，將地鈔
與申鈔之價值逐漸使之平衡。現更以中央本鈔，限
期收毀地鈔，發行公債，整理債務，借給款項，廢
止劃條，做到統一幣制之工作。

五、設置行政專員

四川地方遼闊，匪患又深，更有設立行政專員之必
要；計分十八個行政區，設立專員，其人選均係富
有軍事政治經驗者。

六、整理保甲團隊

四川民眾，以前並不是沒有組織，不過組織不很健
全；如保甲沿用鄉鎮閭鄰的老名詞，沒有清查戶
口。團隊則老弱甚多，槍枝腐敗。現在保甲團隊，
都是依照行營規定辦理。

七、建築公路

查川省地廣，僅有少數公路，既無系統，且極腐

敗；於是由省政府設立公路局，並由中央設立公路
監理處，一面整理舊有公路，一面建設川黔、川
陝、川鄂、川湘、川滇、川康六大幹路。

八、工業建設

四川寶藏豐富，大有開發之價值，不過苦於經濟，
不能悉數舉辦；現正籌辦者：有鍊鋼廠，水泥廠，
彭縣銅礦；其他亦擬盡力逐漸建設。

九、整理財政

川省防區制時，軍政權很不分，予取予求，流弊極
大；中央因此設立財政監理處，實行預計算制度。
劉督辦亦明大義，慨然將財政權交給財政監理處管
理，以符法治精神。不過財政監理處，祗有審核支
出之權，而無監察收入之權，以致入不敷出，月虧
百萬，不無遺憾。

以上所說，是近來四川政治進步最顯著的幾點；至
於省政府合署辦公，縣屬分區設署，以及改良教育等
等，不勝枚舉了。

今當本團結束在即，一、二日內，就停止辦公；十
個月以來，委員長憂勞領導於上，各位辛勤苦幹於下；
並得各軍政同僚，及地方父老兄弟的和衷共濟，乃有今
日之景象。此次奉令歸併行營，本應照各人平日成績，
分別升遷，因限於編制，未能完全做到；但當國難正急
之時，吾人仍應奮勉作事，應一致服從顧主任，埋頭苦
幹，更不可有派別之分。各位隨兄弟多時，如某一部份
情形或某一人的能力，我都知道；偶有小小參差，可
以原諒。行營各廳處長官，對於各位情形，一時自不

盡明瞭，各位如能本著我們過去的六條守則，努力幹
去，以繼續大家過去的光榮歷史，這是兄弟很誠懇希
望於各位的。

三、重慶行營剿匪軍事工作報告
自二十四年十一月起至二十五年七、八月止

一、綱要

自二十四年十一月行營設於重慶起，至本年七月底止，關於剿匪軍事工作可分三部分：

（一）剿辦朱、徐經過，

（二）剿辦蕭、賀經過，

（三）對兩股匪會合之剿辦經過；

茲分述其大要於左。

二、剿辦朱徐之概況

二十四年六月中旬，朱毛與徐向前股合於寶興一帶後，各匪意見紛歧，旋起內訌；至九月初，毛匪澤東率偽一、三兩軍團竄甘入陝。朱匪德率其一部仍留川西草地，與徐匪合編為偽 4A、5A、9A、30A、31A、32A、33A 等七軍；人約二萬餘，槍約一萬四千餘支；朱匪任偽西北軍區總司令，徐匪副之；於十月初由撫邊以北地區南犯，企圖向東、向南發展。我 20A 楊森部，及 24A 劉文輝部，適當其衝，因交通補給應援困難，以致堵剿失利。截至十月底止，撫邊、綏靖、崇化、懋功、丹巴五縣；相繼失陷。當時我 16A 李韞珩部守康定、瀘定；諾那宣慰使在康化各縣組訓民兵，60D 陳沛部守松潘。其南沿岷江經理番至寶興之線；及蘆山、天全、雅安、榮經、漢源各點；則由 104D 李家鈺部，45A 鄧錫侯部，及劉文輝部，分別防守。為增厚兵力挽回戰局

起見，遂令劉總司令湘調二十七個團，由綿竹、廣漢西
開；分集邛崍、名山、天全、雅安等處策應，並相機出
擊；此行營設立以前，匪我之形勢也。

　　迨十一月一日至二十三日，寶興、蘆山、天全、滎
經四縣；又被失陷。當時情況，異常嚴重，為防匪東竄
或南竄，並迫其復返天、蘆以北地區之目的，於一日規
定部署如次：

（一）劉總司令督飭 21A 唐式遵，23A 潘文華，44A
　　　王纘緒，各以一部固守名山以北陣地；抽出主
　　　力進出名、雅，尋匪進攻。

（二）41A 孫震部只留三個團於綿陽、江油、安縣。其
　　　餘十六個團悉開新津，轉進洪雅，沿雅河布防；
　　　主力控置於觀音場。

（三）21A 楊森部守洪雅，並布防於名山草壩場之線。

（四）24A 劉文輝部死守雅安、漢源兩點。

（六）4A 吳奇偉部，36A 周渾元部，及 61D 楊步飛
　　　部，歸入第二路序列，歸薛岳率領；由川北經
　　　新都、新津、蒲江、洪雅，取捷徑向滎經、漢
　　　源一帶堵截。

（七）派別動隊兩中隊赴西昌、會理等八縣，辦理組
　　　訓民眾，構築碉堡，及堅壁清野事宜。

　　由是我 21A、23A、44A，各一部；與偽 4A、9A、
30A、31A，主力；於十一月十九日在名山、百丈及鶴
林場一帶，決戰竟日，我傷亡營長以下官長一百餘員，
士兵二千餘名，匪之傷亡尤多；其東竄企圖，因此打
銷。至十二月八日，我第二路在雅安以南孔坪、望魚

石之線，又與偽 4A 接戰獲勝，於十三日佔領觀音鋪要點，十五日克復榮經，復將匪之南竄企圖打銷；是役計掩埋匪屍一千三百餘具，收集傷匪七百餘名，奪獲槍械亦多；而偽 4A 在徐匪部中為戰鬥力最強者，受此重創，遂殘破不整，幾至完全消滅矣。

　　榮經克復，至本年二月初，雅河以北，偽 9A、31A，在大川場、高興場、五家口、蒙頂山、白芷廟之線；與我 45A、44A、21A、23A、41A，各一部；依上列順序，在水口場、夾門關、名山、清江堰之線對峙。雅河以南，我 24A 及第二路，在雅安、紫石里、窗子壩、牛路溝之線；與偽 4A、30A、32A，在飛仙關、新場、仙峰山之線對峙，其偽 5A 已向康邊進竄。在此時期，為謀整頓各軍，一鼓殲匪計，乃令我軍一面堅固地陣，一面積極整訓，俟準備完妥後，即由劉總司令抽出有力部隊，自名山進佔蒙頂山，直取蘆山；薛總指揮岳預派一部，控置觀音鋪以北地區，與劉部同時進攻，直取天全；以期達成迫匪復返天、蘆以北地區之目的。惟薛部偵悉匪情，時機已熟，乃於二月十一日先期試攻；當將新場、仙峰山一帶佔領；遂牽引孫震、劉文輝、潘文華各部，齊向當面之匪進擊，亦均獲勝。薛部更於十五日佔領始陽、飛仙關，並克復天全；十七日協同唐部克復蘆山。此次各役，薛部俘匪一千餘名，獲槍八百餘支；其他各軍俘獲亦夥。匪軍因而完全搖動，向寶興方面節節潰退，因狼狽不堪，將槍械拋入靈關河中，經當地民眾撈獲者計千有餘支。而寶興及東西兩河團隊，復沿途截獲千餘支，由此匪更日趨窮蹙矣。

當匪向寶興潰退時，除將岷江、涪江、嘉陵江，及川陝公路等重要碉線，分段責成駐軍及地方政府培修，並派員分途督察指導，以防萬一外。又規定部署如次：

（一）鄧錫侯抽派一部，由大川場出鹽井坪截擊。

（二）唐式遵抽派一部，尾匪追擊。

（三）劉文輝抽兵四團推進金湯；餘部防守雅安；維護雅、榮、漢間交通。

（四）孫震部以四團分駐江油、平武；兩團分駐安縣、北川；一團駐綿陽。其餘以六團駐松潘，六團擔任松潘、疊溪間沿岷江布防。疊溪不含至灌縣防務，由劉總司令分段派隊負責。

（五）其他各部均在原地停止待命。

由是唐式遵派饒國華師，鄧錫侯派楊宗禮旅，擔任追剿。二月二十三日饒師克復寶興，旋又佔領鹽井坪；至三月中旬，又先後佔領磽磧、達維；旋於二十六日克復懋功。楊旅亦於三月中旬佔領巴郎山、日隆關兩要點；而地方民團更乘機收復撫邊。至是，匪之大部，均向康邊逃竄；其在川境者，除綏靖、崇化留有一部外。撫邊、懋功及康屬金湯之線以東，漸無匪蹤矣。

康屬丹巴於二月初已被偽 5A 竄踞。迨其大部竄來，於二月二十八日乘虛進陷道孚，三月七日陷鑪霍，三十日陷甘孜；四月四日陷瞻化，諾那宣慰使以身殉焉。緣諾那在康北組訓民兵，辦理堅壁清野工作，頗收成效，匪初入康境，不獨野無所掠，且到處受民兵攻擊，損失甚大；惟時間短促，既未達到確實掌握，又屬眾寡懸殊，故無法阻止匪部；加以民兵一部內變，終至

不免身殉，誠勘痛惜。

三、剿辦蕭賀之概況

　　蕭匪克率偽第六軍團，轄四、五、六，三師；賀匪龍率偽第二軍團，轄十六、十七、十八，三師；共約二萬餘人，槍一萬餘支，原盤踞湘西龍山、桑植一帶；因我于宜昌設置行轅後，指揮大軍積極圍剿，遂于二十四年十一月中旬，乘我封鎖線將成之時，為苟延殘喘計，除留偽十八師在匪區終經我徐源泉部解決外，其大部突圍逃竄，當經行轅令劉總指揮建緒率：樊崧甫縱隊轄 25D、79D；郭汝棟縱隊轄 26D、獨立 34B；李覺縱隊轄 16D、19D 追剿。該匪南至麻陽、芷江，被我軍堵擊，轉向西竄；於本年一月竄入黔境。當時，因追剿各部，距匪過遠，難以追及，而黔中防堵兵力，又單薄不敷分配，以致玉屏於四日首告失陷，行營為堵匪西竄計，於六日規定部署如次：

（一）郝夢齡指揮 47D、54D、60D，及新 8D 為第一縱隊；責成新 8D 固守銅仁、省溪；並派游擊部隊遲滯匪之進行。47D、54D 守備扎佐至息烽，及由息烽經石阡至龔灘、烏江沿岸；又扼守遵、筑大道，並控置重兵於遵義。另以 60D 守備趕水場至遵義不含碉線。

（二）郭思演指揮 23D、99D，及暫 5B 為第二縱隊；責成暫 5B 固守清溪、三穗；派游擊部隊遲滯匪之行動。23D 及 99D 守備石阡、鎮遠、施洞口碉線；控置預備隊於施秉附近。匪若由湘黔公

路以北西竄，則堅工拒之；若由以南西竄，則
以預備隊迎擊之。

（三）新 34D 由永綏延守至秀山。徐源泉部由來鳳延
守至黔江。川軍許紹宗師守備龔灘、酉陽、秀
山之線；防匪回竄。

（四）劉建緒部不分畸域，尾匪窮追。

惟匪先我郭思演部於九日陷江口，十一日陷石阡，
幾有竄渡烏江之勢。適我郝縱隊馳赴烏江沿岸布防完
畢，故不得逞。又其一部於二十三日為我 23D 在石阡
西南之迴龍場擊潰，遂急南竄，於二十五日乘虛陷甕
安，次日陷平越，我行政專員聶洸以身殉焉。而我新
8D 會同黔東團隊，跟蹤追剿，已於十四日以前，將玉
屏、江口、石阡三縣，相繼收復。當二十三日匪向南
竄，先頭將抵甕安，有經開陽西竄或渡烏江之樣，乃
規定部署如次：

（一）郭思演郭主力兼程趨平越，轉向甕安攔擊或腰
擊，如堵截不及，即以全力急追。

（二）劉建緒部李、郭兩縱隊，由江口分向石阡、餘
慶以南地區兜剿；樊縱隊由塘頭向石阡、餘慶
跟進。

（三）93D 全部移守貴陽。

（四）13D 由綦江開遵義。川軍許紹宗部由龔灘開南
川、綦江。 20A 楊森部由洪雅開赤水待命。

由是二十六日匪在平越以南之馬場坪為我郭思演
部 99D 擊潰，此一月份之概況也。

　　匪在馬場坪被我軍擊潰後，乃棄甕安、平越西竄；於二月一日乘虛陷修文，三日陷黔西，五日陷大定，九日陷畢節；有向金沙江西竄之樣，為及早防範計，於一日及三日先後規定部署如次：

（一）自宜賓經雷波、巧家至鹽場沿金沙江兩岸防務；其宜賓、雷波含間，由劉總司令派隊負責。雷波、巧家均不含間，由龍總司令派隊負責。巧家、鹽場均含間，由李總指揮家鈺負責，並側重甯南方面。

（二）許紹宗部西開敘永，以一部推進扎西，一部守威信。

（三）改令楊森部以兩團推進鹽津，兩團控置牛街，主力集結於高、珙一帶。

（四）其他各部，分別追堵或腰擊。

　　當時金沙江防務，極關重要，更於二月十日預為規定部署如次：

甲、江防配備：

（一）宜賓、雷波含間，歸劉總司令派隊負責，但仍須兼顧橫江、灘頭一帶之防。

（二）雷波、巧家均不含間，歸龍總司令派隊負責。

（三）巧家、鹽場均含間，歸李總指揮家鈺派兵四團負責，尤須注意甯南；其餘部隊布防大渡河及西昌、會理兩城。

乙、注意事項：

（一）金沙江沿岸所有船隻及一切渡河材料，應預為

搜集儲藏我岸，緊急時准予燒燬或沉沒之。

（二）金沙江兩岸均須分段築碉，凡河幅狹部及渡河
點，尤須構築碉堡群，晝夜派兵警戒，並設置
地區預備隊。

（三）各段負責部隊，應不分省界，兩岸均應嚴密
防守。

（四）各段指定負責專員，所有地方縣長及團隊，凡
有關河防事宜，均受其指揮。

丙、組夷方法：

（一）雷波以下歸四川第五區行政專員，以上歸甯屬
漢夷民團指揮部，依夷人氏系，分別號召；組
織分隊或中隊，協助軍隊防守。其隊長遴選當
地有聲望正紳及夷首充任之。

（二）雷波以下由行營派員，以上由別動隊派員，分
別督察實施。

　　二月初旬團隊收復修文；至十六日 13D 克黔西，
十八日又克大定；99D 於二十七日克畢節。此後，匪
南竄永城北之馬姑，三月四日至八日，北竄滇屬彝良南
之奎香，得知金沙江戒備嚴密，於十二日由奎香回向東
竄，適我 13D 奉命由六曲溝向鎮雄前進，遭遇於得章
壩，激戰一日夜，卒將匪最精銳之四、六兩師擊潰，斃
偽師長以下千餘名，俘獲尤夥。十三日郭汝棟部在六曲
溝以西之財神塘，又將偽 5D 擊潰。得章壩之役，為匪
在黔省所受最重之打擊，因是復向西竄，十四日過距威
寧一百四十里之朱歪。而我 13D 亦陣亡營長以下官長

五員，士兵六十餘名；傷營長以下官長十二員，士兵
八十餘名。乃於十五日下令如次：

（一）13D 開回畢節整頓待命。

（二）李覺部由長春鋪、七星關，經野馬山取捷徑向
　　　水城急進，尋匪截剿。

（三）郭汝棟部由六曲溝、財神塘，向水櫓鋪、天
　　　橋、回水塘之線急進，尋匪兜剿。

（四）樊崧甫部附 99D 向朱歪、威甯，急進追剿。

（五）郝夢齡部向高山鋪、楊家灣之線急進。

　　由是朱歪之匪，經郭汝棟部獨 34B 堵截，十六日
竄至柯果、奎香一帶，十八日後盤旋於威甯以北地區，
二十日由威甯北之得勝坡向會澤東之青海方面西竄；經
令滇軍孫渡所部第一旅迎擊，二十二日在來賓鋪、寅頭
山一帶激戰時，其五、七兩旅趕至，而郭縱隊又追及，
聚殲該匪千餘名，俘獲尤夥；此匪繼得章壩戰役之後，
又一重創也。而我滇軍亦傷亡營長以下官兵近四百員
名。匪受創後，經宣威東南之兔場竄回黔省，於三月
二十八日陷盤縣，但為數不過三千；其大部則在盤縣、
平彝中間地區。為期殲滅該匪於盤八一帶，於二十九、
三十日相繼規定部署如次：

（一）北盤江江防，自歸集、黃河，亙鐵索橋，茅口
　　　至茅草坪渡，歸郝夢齡部擔任。自茅草坪渡，
　　　亙關嶺至百層，歸郭思演部擔任。

（二）孫渡部由平彝東追；郭汝棟部在土城上中碼一
　　　帶，對匪監視，並堵匪北竄；李覺部集結郎岱；

樊崧甫集結水城；俟北盤江江防確實封鎖後，同時進剿。

以上二、三兩月概況也。匪徘徊於盤縣、平彝中間地區，至四月一日又向西竄，當令郝夢齡、郭思演兩部，仍布防北盤江。劉建緒部跟追入滇。三日匪竄抵霑益、曲靖一帶；四日攻馬龍未逞。自此黔省境內已無匪蹤，匪亦不復回竄。乃於四、六兩日，先後規定追剿部署如次：

（一）劉建緒部各縱隊，均歸龍雲統一指揮。並將孫渡所部編入該序列為第三縱隊。

（二）楊森全部，由高、珙一帶經昭通向巧家、甯南方面移動。

（三）李家鈺駐會理部隊，由通安延伸沿金沙江上游至門香村布防。原駐大渡河部隊，進駐西昌；西昌部隊，進駐會理；並增防元謀方面；注重巧家、蒙姑、鹽場各要點。

當匪於四月四日攻馬龍未逞，隨於五日陷尋甸；而我孫部於同日到嵩明，七日即進克尋甸。由是匪向普渡河上游西竄，八日其精銳之偽 17D 到樂空及大石橋，為我孫渡部擊潰；九、十兩日過普渡河，復為我孫部堵截，又被空軍協力轟炸；連日共斃匪一千四百餘名，俘四百餘名，獲槍約七百支，而匪之逃散者又千餘名；此匪繼二月二十三日來賓鋪戰役之後，又一最大損傷；其全部實力，至此迨已消滅三分之一。而我軍官兵亦傷亡

七百餘人。是時，劉建緒部郭縱隊已追至嵩明；李縱隊已到馬龍、曲靖之線；樊縱隊正由宣威向霑益行進。匪遂急向西竄，於十一日陷富明；又攻祿勸、羅茨、祿豐未逞。乃令孫、郭兩縱隊尾追，樊、李兩縱隊取道富明、大理之線截堵。匪又乘虛向西急竄，於十五日陷楚雄、鹽興；但在保滿街被我孫部魯旅擊斃百餘名，獲槍四十餘支。十六日陷鎮南，十七日陷姚安，十八日陷祥雲，又在姚安被我孫部魯旅擊斃約二百名。十九日陷鹽豐，二十一日陷賓川，二十二日陷鶴慶，二十五日陷麗江。二十六日在距麗城西八十里之石鼓附近竄渡金沙江，二十八日全部竄過，因狼狽倉皇，溺斃十餘名；由是前陷各縣，亦由尾追部隊相繼收復。時我孫縱隊一部已到麗江及玉龍山一帶，一部於二十七日到劍川；郭縱隊已由大渡口渡江到大水井，並於二十八日向華坪急進；李縱隊二十七日到普棚、天生塘向祥雲前進；樊縱隊由鹽豐向賓川前進，此四月份之概況也。

四、剿辦朱徐及蕭賀合股之經過

　　四月中旬朱、徐股匪主力竄踞康北道孚、鑪霍一帶；其一部留踞丹巴及懋功附近；另一部竄據甘孜、瞻化；並於二十日陷雅江。其企圖不外四出搜糧，並掩護主力暫在川、康邊區休養整頓，一面與蕭、賀股匪遙相呼應，待蕭、賀渡過金沙江時，則沿雅礱江或大金川兩岸南下，與之會合；或待時機另圖他竄。而蕭、賀股匪當時在富明、楚雄之線，向西流竄。其企圖當係繞由金沙江上游搶渡北竄，冀與朱、徐股匪會合。當以防止該

匪會合與各個擊破之目的，期在金沙江以南地區將蕭、
賀股匪殲滅；萬一不能，亦須在金沙江，大渡河間地區
殲滅之；同時並殲滅或封鎖朱、徐股匪於康北地區；遂
於四月二十一日規定部署如次：

甲、川康方面：

（一）唐式遵所部編足二十個團，首先鞏固現陣地，
　　　繼即派有力一部，經懋功向丹巴挺進；並須嚴
　　　密鞏固懋功、丹巴之線。

（二）鄧錫侯所部派十個團，經達維先佔領撫邊、兩
　　　河口，鞏固懋功不含經撫邊、兩河口、大秋地
　　　之線，再向崇化、綏靖推進；並控置兩團於大
　　　秋地為北進據點。

（三）劉文輝部派四團進駐金湯。

（四）以上各部達到目的地後，即沿大金川連接布
　　　防。鄧部守綏靖、崇化之線；唐部守崇化不含
　　　丹巴之線。劉部由金湯延守至丹巴之線。

（五）李韞珩部派兩團進駐雅江，扼匪南竄；並阻隔
　　　蕭、賀與之會合；其瀘定、瓦斯溝一帶遺防，
　　　由 36A 派 5D 接替。

（六）松潘、疊溪、北川間；由孫震部三團扼守；並另
　　　派一團守平武。至疊溪、茂縣；及威州、理番、
　　　雜谷腦兩段；由劉總司令各派兩團分別扼守。

乙、川西方面：

（一）李家鈺部十個團守備金沙江及西昌、會理兩重
　　　點；並詳為規定：
　　　子、須以四團以上兵力，守備上自門香村下至

可河沿岸。

丑、由西昌派兵兩團，推進鹽邊、鹽源；並扼守將軍石、雅礱江沿岸。

寅、兩團守西昌，一團守會理，一團維護後方交通。

（二）楊森部遵前令速開甯南、巧家，接守李部鹽場、瀘烏一帶江防；並守備甯南、巧家兩重點。

（三）如蕭、賀竄渡金沙江時，即須在金沙江、大渡河間地區殲滅之；其部署：

子、李家鈺部應不待命令，集結主力於西、會兩城固守；並相機與友軍夾擊竄匪；其兩鹽部隊如已進入，並須固守。

丑、楊森部應不待命令，即由甯南向會理、西昌方面移動；尋匪與友軍夾擊之。

（四）劉總司令派兵十個團，經滎經開赴漢源、大樹堡、安順場、松林口一帶，準備策應。

丙、滇康方面：

（一）追剿軍孫渡、樊崧甫、李覺、郭汝棟等縱隊；應窮匪急追，迫匪於金沙江右岸，與守兵夾擊殲滅之。

（二）如匪渡過金沙江，則郭、樊、李各部，仍渡江追剿；餘部即沿金沙江右岸扼要布防，堵匪回竄。

　　由是川、康方面，五月六日李韞珩部克雅江。十五日唐式遵部克復崇化，十七日一部進至丹巴我岸，二十日克之，均頗有斬獲。但朱、徐股匪一部，於十七日又

乘虛陷理化，並竄距九龍約百里與木里交界地方。而
滇、康方面，蕭賀股匪，因我金沙江永仁以下防堵嚴
密，無法再循朱毛竄會理舊路，遂乘虛繞麗江，由其上
游渡過；於四月三十日陷中甸；更向西康之德榮、定鄉
竄去。至是，南北兩匪勢將在康南會合；判斷其會合後
企圖，仍將他竄，以圖生存；即使為休息整頓計，暫時
停止不動，亦當散布於甚廣區域，以就糧食；其兵力既
散，則消滅較易；而理化、巴安一帶，當為匪必爭之重
要根據地。乃預以嚴密封鎖之手段，使匪會合後不得再
向南，或向東，或向北突竄；遂於五月一、四兩日先後
規定部署如次：

甲、滇康方面：

（一）樊崧甫部進駐鹽邊、鹽源，並扼守雅礱江西岸
　　　各渡口，與李家鈺部切實連絡，互相策應；對
　　　於冕甯以南雅礱江兩岸各渡口之防務，及其船
　　　隻，均須分別負責管理，不可疏忽。如將來匪
　　　之主力仍由雅礱江西岸來犯，船隻應盡量移交
　　　東岸李部管理；如其由冕甯南犯，則移西岸該部
　　　管理；若其由兩岸分犯，則我軍可預在兩岸各渡
　　　口上下游十里附近趕築碉堡，俾得雙方策應。

（二）郭汝棟部守華坪、永北之線；並扼守金沙江左
　　　岸，堵匪南竄。

（三）孫渡部守麗江、石鼓、巨甸、維西之線；主力控
　　　置麗江，並派一部進駐阿墩子，屬行堅壁清野。

（四）李覺部應駐鶴慶、劍川一帶策應。

乙、川西方面：

（一）李家鈺部分駐冕甯、瀘沽、西昌、德昌、會理一帶；並須確實扼守雅礱江東岸太平地、鹽場壩、丕樹灣、沖河關、集福場，及上游九、冕通路之各渡河點；尤須注重沖河關至冕甯間江防。主力置於冕甯，左與樊崧甫部，右與越嶲部隊，切取連絡；務期拒匪不能渡過雅礱江。

（二）劉總司令所部郭勛祺師，星夜馳赴大樹堡與李家鈺部切取連絡；又增派十團，前後共二十團，準備出匪不意，向冕甯出擊；並注意此部隊發現，不可過早，必須匪主力進入冕甯以東與西昌附近時，再由越嶲向南出擊，方能生效。

（三）楊森部酌留一部駐防甯南、巧家，主力向西昌推進。

迨五月中旬，除楊森、李家鈺兩部任務如前外，十二、十五兩日又規定部署如次：

甲、川康甘青方面：

（一）鄧、唐、劉（文輝）三部，應遵前令規定兵力，佔領大秋地，及沿大金川左岸自綏靖經崇化、丹巴，至金湯之線，確實封鎖之。劉文輝並應負責守備瀘定至安順場均不含之線。

（二）周渾元、李韞珩兩部，仍固守康、瀘，並構成康定、雅江封鎖線。

（三）潘文華率郭勛祺、范紹增兩師，熊玉璋旅，進駐漢源、大樹堡、越嶲至瀘沽（不含），及安順

場以下大渡河一帶，嚴密封鎖之。

（四）以上各部須扼要各集相當兵力於其封鎖線後方，匪由何方進竄，即由何方迎頭痛擊之。

（五）令駐巴安之 16A 參謀長沈鳳威兼任巴安區警備司令，指揮巴安、得榮、義敦、白玉、武城、德格、鄧柯、石渠等八縣防剿事宜；所有以上各縣駐軍，民兵及別動隊，概歸其統一指揮。

（六）青甘邊區，仍舊鞏固原有之封鎖線，但青海部隊，應速出兵兩團進駐德格固守，並策應巴安駐軍。

乙、滇康方面：

（一）樊縱隊仍守備鹽源、鹽邊至雅礱江右岸。郭縱隊接樊左翼，守備華坪、永北、麗江迤東之金沙江左岸。孫縱隊接郭左翼，守備麗江至維西之線，並派一部進駐阿敏子及中甸。

（二）以上各部，須扼要各集相當兵力於其封鎖線後方，匪由何方突竄，即由何方痛擊之。

（三）李縱隊集結賓川一帶策應。

當蕭賀股匪，自四月三十日陷中甸向康南進竄後，五月下旬竄到理化之中咱一帶，與朱、徐在雅江被我李韞珩部擊破之一股會合。遂於六月九日乘虛陷理化，其一部於三日起圍攻巴安；我軍則因交通、運輸、給養困難關係，各部運動均不能迅速。川西方面，潘文華部迄未到達任務。青海方面，到德格之部隊，只有兩營。川、康方面，六月一日鄧錫侯部始到大秋地；四日周渾

元部始到瀘定、冷磧一帶；致崇化、丹巴得而復失。至七月四日鄧部始確實佔領崇化；九日唐部始確實佔領丹巴；三十一日鄧部始克綏靖；巴安被圍，無法應援，卒賴守成之一團兵力，沉著應戰，匪部迭受鉅創，至六月十五日始解圍。匪攻巴安未逞，沿金沙江左岸北竄，於六月二十九日陷白玉；繼圍德格，其守城部隊，又能以少擊眾，予匪以鉅創。匪遂折而東北竄，企圖竄入甘、青，但其不堪一擊，可以概見。且其盤踞西康過久，不獨糧食將罄，人亦死亡過半。據報七月下旬，匪已竄到阿壩、包座、松潘一帶。大金川左岸綏靖、道孚之線；及雅礱江上游右岸，均已無匪。乃於七月二十九日規定阻匪入甘會合之計劃綱要如次：

（一）憑藉天然險要，及原有碉堡線，採取攻勢防禦，封鎖該匪於川、康、青、甘邊區草地內，阻其會合；並由川、康抽兵分途追擊，促其崩潰。

（二）參照過去教訓，利用碉堡線，處處設防，原期封鎖嚴密；但因兵力分散，反使處處薄弱，仍難堵匪突圍；前次毛匪竄甘，可為殷鑒。今後除嚴密封鎖堅壁清野外，尤須結集兵力于重點，以備活用堵擊，奏效必大。

（三）封鎖碉線：

 1. 甘境：

 甲、沿黃、洮兩河經岷縣，西至臨潭，南至踏藏，為第一線；以蘭州、臨洮、岷縣、西固、南坪、文縣為重點。

 乙、蘭州至天水及以南為第二線；以定西、天水為

　　　重點。

　　丙、上兩線，應由朱、于兩總司令分段指派負責指
　　　揮官，派隊扼守。

　2. 青境：

　　甲、沿黃河自甘邊貴德以西為第一線；以貴德、循
　　　化為重點。

　　乙、沿西甯河自新城對岸至湟源為第二線；以西甯
　　　為重點。

　　丙、上兩線，均由馬司令分段指派負責指揮官，派
　　　隊扼守；必要時再由朱總司令派兵協助。

　　丁、果洛五大族及玉樹二十五族，亦由馬司令轉
　　　飭同仁、同德團隊，酌情修碉固守，或率領
　　　遷徙。

　3. 川境：

　　甲、川西主要陣線，沿岷江經松潘、樟腊至踏藏不
　　　含為第一線，暫照原規定；並調重兵控置于平
　　　武、江油、綿陽、北川、茂縣、灌縣。

　　乙、沿涪江、平武、綿陽段，及茂縣、北川、綿
　　　陽段為第二線；嘉陵江、廣元、閬中段，及廣
　　　元、寧羌段為第三線；應預為設防。

　　丙、灌、理、懋、綏、丹、金、瀘線，仍照舊防
　　　守，置重點于天全、雅安、邛崍、崇慶。

　　丁、廣、碧及廣、昭、劍線，歸沈久成師扼守，置
　　　重點于廣元、昭化。

　　戊、上列乙、丙兩線暨各重點，統由劉總司令分派
　　　負責指揮官，派隊扼守；並注意每一重點，須

控置三團以上之兵力。

4. 康境：瀘、康、雅、巴線，改由劉文輝部負責扼守，仍置重點于康定、瀘定；李韞珩及楊步飛兩部移調任務，另行規定。

5. 甘屬之永靖、臨夏、夏河、臨潭，青屬之循化、貴德、共和，應派隊構築碉堡群，兼施行堅壁清野之準備。

6. 沿黃、洮兩河至岷縣、松潘，再沿岷江各碉線，最為重要；其重要城鎮間之空隙，概由民團協同固守，軍隊則集結重點活動。

7. 沿河皮筏船隻及渡河材料，應由負責總司令部預派專員負責管理，必要時搜集我岸，或燒燬之。

8. 凡主要碉線，應由負責總司令部派員分段督。

9. 各地壯丁及番民，應設法組訓，有槍者尤須注意利用。

（四）追擊路線：

1. 一路由大秋地出馬塘。

2. 二路由懋功出卓克基。

3. 三路由金湯出丹巴。

4. 四路由康定出泰寧。

5. 五路由德格繞玉樹。

6. 前四路由劉總司令，五路由馬司令，待匪全部退過大塘壩、綏靖、卓克基之線，即分別酌抽兵一旅以上編組追擊隊，指派指揮官，跟匪追擊；並一面肅清散匪。

7. 各追擊隊應需糧秣，須預屯于灌縣、懋功、康定等

地，並預算所需運費，以便籌發。

七月三十日又規定部署如次：

（一）孫總指揮所部于規定十二個團內，除已到樟
　　　腊、松潘、鎮坪線之部隊，仍舊多屯糧彈固守
　　　外。餘可堅工扼守松潘、小河營、水晶堡、闇
　　　達堡、平武之線，置重兵于平武。其在後方部
　　　隊，悉數控置綿陽、江油。

（二）朱總司令應派有力部隊，速向西固、文縣、南
　　　坪之線推進，聯絡孫軍相機夾擊；並於文縣、
　　　西固、岷縣控置重兵。

（三）劉總司令應派兵接守孫軍所遺安縣、北川及疊
　　　溪、鎮坪（不含）線防務。並於安縣、北川、
　　　武縣、灌縣各約控置一師兵力，另照前令派兵
　　　出卓克基追擊。

（四）鄧總指揮所部，除守現防外。應于崇慶、大邑
　　　各控置一師兵力，並派兵一旅出馬塘追擊。

（五）劉總指揮所部，除接防瀘、康、雅、巴線外，
　　　應即先派一旅由金湯出丹巴追擊。

　　當六月間，因康北匪情較前和緩，於二十九日撤銷
巴安區警備司令部。巴安防務，交由24A特務六隊督
同民兵負責固守，嗣又令李韞珩率53D、61D，調回雅
安；所遺瀘定、康定、雅江、巴安一帶防務，由劉文輝
派隊前往接替。

　　以上為自四月下旬起，至七月底止，剿辦朱、徐及
蕭、賀合股之概況也。

　　朱、徐、蕭、賀諸匪於五月下旬在西康會合以後，迄至野無所掠，遂不得不另謀出路，以圖生存；七月下旬，其大部分竄至包座、毛兒蓋、阿壩等處；在西康僅留小部分踞鑪霍、甘孜、道孚等處；並有一小部徘徊於青海之白衣寺。至八月初旬，西康境內即無匪蹤；以前匪陷各縣，均為民兵相繼收復。八月中旬，白衣寺方面，亦無匪蹤。諸匪於八月初再乘虛由松潘西北竄入隴南邊境，並於九日夜深圍攻岷縣。爾後該匪迭次猛攻縣城，均被我守城之新編第十四師魯大昌部奮勇抗戰，及空軍迭次協助轟炸，受創甚重。截至八月底止，岷縣雖尚未解圍，而匪之兇燄，殆已銷沉矣。

　　匪竄甘境以後，我剿匪部隊，除甘肅方面由西北總部遵照七月二十九日行營頒布之計劃綱要詳為部署外。在四川方面，各主要陣線，均已按照前定計劃分別實施。而追擊部隊，鄧錫侯略已遵派特務司令謝無圻部出馬塘，襲渭清旅出綽斯甲。惟匪既圍岷縣，其主力似仍跟續北竄，有圖與陝匪會合之勢，遂於十二日規定殲滅該匪於川、陝、甘邊境部署如次：

（一）匪未竄越甘境第一線時

　　（1）應仍竭力鞏固沿黃、洮兩河，經西固、文縣，至南坪、踏藏，為堵截第一線。自蘭州經天水、徽縣、沔縣，至臨羌，為堵截第二線。應由隴南、陝南（先調王耀武師）各部隊會同民團擔任扼堵；並分置重兵於岷縣、西固、文縣、天水、沔縣，準備堵截；概由朱、于兩總司令商派兩線各段負責指揮官，切實施行。但

王師陝南遺防，由張代總司令派隊接替。

（2）川、康部隊，除仍固守現防各碉線外。原定五
個追擊隊，其第一、第二兩路，應即編組小部
隊，先出馬塘、卓克基，向北追迫；並另組十
團以上之有力縱隊，先行集結昭、廣一帶，準
備進出碧口，截擊竄匪；應由劉總司令派定各
路負責指揮官及兵力，迅速施行。

（二）匪如竄越甘境第一線時

（1）隴南各部隊，除固守第一線外。其第二線，可
調李友蘭師增厚天水至寧羌段之防；所遺陝南
防務，仍由張代總司令派隊接替。其原控置岷
縣、西固、文縣、天水、沔縣各部隊，應不待
命令連絡友軍夾擊竄匪。並依情況，以陝北抽
出控置華亭、永壽一帶之六十七軍及一零五
師，西進天水；或南進漢中策應之。

（2）川軍所派有力縱隊，即不待命，迅出碧口、文
縣，連絡隴南各部隊竭力截擊竄匪；並由平
武、松潘編組小部隊向北向西游擊。

（三）其他青省原定各碉線，及防守要領，均參照豔
辰行炳仁機電示（即報告內七月二十九日之計
劃綱要）辦理。

上項部署頒布以後，北竄之匪，乃分段乘虛於
十九日陷漳縣，二十日陷臨潭，遂於二十四日改定部
署如次：

（一）孫總指揮所部，應先抽派十團以上兵力，即日

開動，出碧口向文縣、武都、西固方面，協力
堵剿。其在平武、松潘部隊，俟交防後，令其
擔任維護碧、廣、昭、梓、綿一線交通運輸。

（二）鄧總指揮所部，應增派共至六團兵力，即開昭
化、廣元，為預備隊，歸孫總指揮調遣。

（三）劉總司令應即派隊馳往平、松一帶接防，並酌
置一部於綿陽、梓橦，集結備用。

　　上項部署頒布以後，孫震部以一二二師、一二四
師，及軍部五個獨立連開拔。鄧錫侯部派一二五師盧濟
清旅三團，一二七師李樹森旅二團，及劉乃鑄旅一團，
前往昭、廣歸孫指揮。劉總司令亦令范楠煊旅就近先
接松平線防務，一四九師郭昌明部集結梓橦、綿陽備
用。但匪於二十七日又陷渭源，此本月份軍事部署之概
況也。

四、國民政府軍事委員會委員長行營參謀團組織大綱

第一條　國民政府軍事委員會委員長行營參謀團為對四川剿匪各軍作戰上，運籌指導督察之特設機關。

第二條　參謀團之業務如左：

一、運籌剿匪作戰計劃；

二、指導剿匪各軍軍事行動；

三、維繫各軍間之密切聯絡；

四、督察各軍對於剿匪之勤惰，審擬獎懲呈請委員長核奪施行；

五、考核各軍之械彈分配，與消耗情形，及剿匪經費之支用，暨考查經理、衛生改良事宜；

六、蒐集諸種情報，適時向委員長呈報；

七、督促並指導剿匪攸關政治設施。

第三條　參謀團以主任、副主任、秘書、第一處、第二處、政治訓練處、總務處人員以及高級參謀、督察專員、各級督察員等組織之。其編制如附表。

第四條　參謀團主任主持團務，處理剿匪作戰一切事宜，並協助四川剿匪軍總司令之行使職權，當委員長未在行營時，關於作戰命令，應由主任擬定，四川剿匪總司令代行。

第五條　政治訓練人員，分赴各部隊擔任政治訓練事

宜。其條文另定之。

第六條　高級參謀籌議剿匪攸關事宜外，並輪流派充
　　　　督察專員，督察各路軍之作戰，並任牒報聯
　　　　絡事宜。

第七條　各級督察員服行特別勤務，奉派隨同督察專
　　　　員前赴各軍時，應受該督察專員之指揮，分
　　　　赴各部隊擔任聯絡牒報，並協助剿匪事宜。

第八條　四川剿匪各路軍，得各派高級參謀一員在
　　　　團，專任聯絡並協商剿匪事宜。

第九條　本大綱經國民政府軍事委員會委員長核定公
　　　　佈施行。

國民政府軍事委員會委員長行營參謀團編制表

職別		階級	員額	乘馬	備考
主任		中將	1	2	
副主任		少（中）將	1	2	
高級參謀		少（中）將	10	10	內有六員任督察專員
參議			無定額		
秘書		上校	2		
		中校	1		
各級督察員			無定額		由行營選派
副官		上尉	1	2	主任隨從上、少尉副官各一 副主任隨從中尉副官一
		中尉	1		
		少尉	1		
電務員		上尉	1		
		中尉	3		
		少尉	1		
書記		上尉	1		分任收發、管卷
		中尉	1		
司書		少尉	2		
		准尉	1		
第一處	處長	少（中）將	1	1	擔任軍事
	副處長	上（少將）校	1	1	
	參謀	上校	3	9	分任作戰、諜報、後方、勤務、交通
		中（少）校	6		
		上尉	4		
	副官	中尉	1		
	書記	上尉	2		
		中尉	1		
	司書	少尉	3		
		准尉	1		
第二處	處長	少將	1	1	擔任政治
	副處長	上（少將）校	1	1	
	處員	上校	1	4	分任保甲、團隊、封鎖、碉堡、宣傳、俘虜、收容、善後諸政治工作
		中校	2		
		少校	2		
	副官	中尉	1		
	書記	上尉	2		
	司書	少尉	2		
		准尉	1		

職別		階級	員額	乘馬	備考
總務處	處長	上校	1	1	
	軍需	上校	1		
		少（中）校	1		
		上尉	1		
	副官	中校	1		
		少校	2		
		上尉	1		
		中尉	1		
	書記	上尉	2		
	司書	少尉	2		
		准尉	1		
政治訓練處		另定			
傳令班	班長	准尉	1		兼外收發
	軍士	中士	1		
	傳令兵	上等兵	8		
衛士		中士	3		主任衛士中、下士各二
		下士	3		副主任衛士中、下士各一
公用勤務軍士		上士	4		主任辦公室、第一處辦公室、第二處辦公室及總務處辦公室各一，兼任油印
公用勤務兵		上等兵	15		除第二處辦公室為三名，餘均為四名
私用勤務軍士		中士	13		中將用中、下士各一
		下士	15		少將用下士一名
私用勤務兵		上等兵	39		中、少將級校官每員用上等兵一
		一等兵	20		尉官每二員用一等兵一
炊事兵		上等兵	1		
		一等兵	14		
飼養兵		上等兵	1		
		一等兵	17		
總計		官佐	79	34	
		士兵	154		

附記

一、凡調派之附屬機關如通訊及警衛部隊依其固有之
編制系統，自行經理。

二、督察專員出差經費，另按南昌行營之規定。

三、凡人員盡量調用。如調用人員原階級較規定編制
　　階級高，則仍照其原階級支給經費。

四、財政部派定隨同入川之財政委員，臨時給參議名
　　義二員，月各支津貼一百元，經軍委會核准有
　　案。又督察員原帶有少尉司書共六員，月各支俸
　　薪三十三元六角，亦遵照以前南昌行營規定核
　　准。本編制漏列，合併聲明。

五、國民政府軍事委員會委員長行營參謀團服務規則

第一章　總則

第一條　本規則依據參謀團組織大綱之要旨訂定之。

第二條　本團為辦公便利起見：分設左列各廳處；

　　　　（一）主任辦公廳；

　　　　（二）第一處；

　　　　（三）第二處；

　　　　（四）政治訓練處；

　　　　（五）總務處。

第三條　主任主持全團事務，監督指揮各級職員，辦理各該廳處應辦事務，並考核其成績，分別獎懲。

第四條　副主任協助主任處理全團一切事務。

第二章　主任辦公廳

第五條　凡高級參謀、參議秘書……等均屬於主任辦公廳，並以高級參謀一員主持之。

第六條　高級參謀參議，在廳任審議各種法規，計劃及交辦事項，在外任督察各路軍作戰及諜報連絡等事項。

第七條　秘書三員，以一員任軍事情報；一員任黨務政治；一員任文牘人事，其他關於收發、繕寫、校對、保管印信等事項，由秘書酌派書記、司書等分任之。

第三章　各處組

第八條　各處處長承主任副主任之命，綜理本處一切

事務，督率指揮本處各級職員業務之進行。

第九條　各處副處長，輔助處長辦理本處一切事務。

第十條　各處長副處長，對於所屬各級職員，有考核成績，呈請賞罰任免之權。

第十一條　各處為業務進行便利起見：由處長副處長酌情分組，以上校或中（少）校一員為組長，並派處內各級職員，分任各該組事務。

第十二條　第一處各組之業務如左：

　　甲、第一組：

　　　　一、關於剿匪作戰計劃事項；

　　　　二、關於部隊飛機調遣事項；

　　　　三、關於各軍聯絡督察事項；

　　　　四、關於情報蒐集及報告事項；

　　　　五、關於各軍事風紀事項；

　　　　六、關於碉堡工事計劃實施事項；

　　　　七、其他。

　　乙、第二組：

　　　　一、關於交通運輸計劃事項；

　　　　二、關於通信設備事項；

　　　　三、關於兵站設置計劃事項；

　　　　四、關於械彈分配、消耗、補充之考核事項；

　　　　五、關於各軍經理、衛生事項；

　　　　六、其他。

　　丙、第三組：

　　　　一、關於戰史編纂及材料蒐集事項；

二、關於機密日記紀錄事項；

三、關於口令信號與地圖之頒發保管
事項；

四、關於處理文件日報命令、法規、
紀錄事項；

五、關於剿匪部隊之編制整理事項；

六、其他。

第十三條　第二處各組之業務如左：

甲、第一組：

一、關於團隊保甲事項；

二、關於清鄉善後事項；

三、關於投誠俘虜之處理感化事項；

四、關於懲獎軍法事項；

五、其他。

乙、第二組：

一、關於封鎖匪區事項；

二、關於公路電話等建設事項；

三、關於經濟及農村、土地事項；

四、關於匪區難民之振濟收容事項；

五、其他。

第十四條　政治訓練處之業務分配另定之。

第十五條　總務處各組之業務如左：

甲、第一組：

一、關於預決算事項；

二、關於薪餉領發事項；

三、關於糧服經理事項；

四、關於臨時費審核事項。

乙、第二組：

一、關於交際事項；

二、關於警衛事項；

三、關於庶務事項；

四、關於管理事項；

五、關於收發事項；

六、關於其他事項。

丙、第三組：

一、關於車船管理事項；

二、關於電信交通事項。

丁、第四組：

一、關於療治防疫事項；

二、關於清潔檢查事項。

第四章　公文處理程序

第十六條　本團外收發收到外來文件，立即填發收據，交付送件人，同時編號登入收文簿，即將來件送呈主任辦公廳，如係電報即送電務室。

第十七條　電務室收到電報後，立即翻譯、摘由、記明收到年、月、日時即註明有「無」線電，送主任辦公廳，其有緊急情況者，並鈔副電一張，分送主辦處擬辦。但有親譯字樣者，須送主任辦公廳親譯。

第十八條　主任辦公廳收發員，即行拆閱編號登入收文簿，並按性質分送有關各處，用複寫紙摘由三份，一份黏收文簿；一份黏來文；一份隨

送各處黏收文簿。但特別文件，須隨時逕呈
主任核閱，其有親、密字樣者；不得擅自
拆封。

第十九條　各處收到文件，參照職掌，分送各組擬辦，
關於重要者，須先另紙簽呈核示，普通者則
書於擬辦欄內或簽稿併送。

第二十條　凡文件關係兩處以上之事件，由主辦處擬
稿送關係處會核。

第二十一條　公文稿件，經各處長副處長核定或會核
後，呈核或呈判，但有特別情形，得先
發補行。

第二十二條　判行文件除電報由主任辦公廳逕送電務
室譯發外，其餘發回承辦各處繕寫、校
對，用送印簿摘由登記，送主任辦公廳
用印，封交總收發發行。

第二十三條　凡文件用印後，其稿底由主任辦公廳發
還原辦處管卷員歸檔。

第五章　辦公時間

第二十四條　本團辦公時間，每日以八小時為原則，其
到公下公時間；按照節令臨時規定。

第二十五條　各職員應遵守辦公時間，承辦各項業務，
不得遲到早退，如有緊急重要者；雖不在
辦公時間，亦應趕辦完竣。

第二十六條　各職員於辦公時間，不得高聲談論，致妨
公務。

第二十七條　各廳處置備簽到簿一冊，各職員於每日上

下午到公時，均應簽到蓋章，以備考查，
而核勤惰。

第六章　值日

第二十八條　本團各廳處，每日均應派定值日官一員，
　　　　　　由各廳處各級職員輪流充任之，其輪值次
　　　　　　序表，由各廳處自行擬定，呈報備查。

第二十九條　值日官之任務如左：
　　　　　　一、處理辦公時間以外之臨時事務；
　　　　　　二、保持秩序；
　　　　　　三、檢查清潔；
　　　　　　四、交辦事項；
　　　　　　五、其他。

第三十條　值日官在值日勤務時間內，對於本職事務
　　　　　仍應辦理。

第三十一條　值日室對所負值日勤務事項，能自行處理
　　　　　　者；逕自處理之，否則報請長官或通知經
　　　　　　辦人員處理之。

第三十二條　值日勤務以每日正午十二時交替。

第三十三條　值日官應備日記簿記載本日重要事項，於
　　　　　　交代時呈閱。

第七章　給假

第三十四條　本團凡遇星期及例假之日，非有命令，
　　　　　　不得休假。

第三十五條　各職員非有疾病及婚喪事故，不得請假。

第三十六條　請假手續及准假範圍，規定如左：
　　　　　　一、各職員因疾病或婚喪事故請假者，

　　　　　　須將事由呈請核示。請假單格式另
　　　　　　定之。

　　二、各處長對於所屬職員，有准假三
　　　　日；士兵十日以內病假事假之權，
　　　　在此日數以上，須呈請主任核准。

　　三、各處長對於職員等准假後，仍須將事
　　　　由假期及銷假日期，隨時呈報備查。

第三十七條　凡請假者，非不得已，不得續假。

第三十八條　凡假期已滿，不聲請續假者，以曠職
　　　　　　議處。

第三十九條　凡經呈准請假者，須將起假銷假日期，
　　　　　　交由值日官登記備查。

第八章　獎懲

第四十條　本團官兵如有服務努力或特殊勞績者，依
　　　　　左列各款獎勵之：

　　甲、職員：

　　　　一、嘉獎；

　　　　二、記功；記三小功合併為一大功，
　　　　　　記二大功以上，得另以加薪或晉
　　　　　　級之獎勵。

　　　　三、加薪；自五元起至原薪三分之
　　　　　　一止。

　　　　四、進級。

　　乙、士兵：

　　　　一、嘉獎；

　　　　二、記功；記三小功即合併為一大功；

記二大功以上，得以獎金或升級
之獎勵。

三、獎金；

四、升級。

第四十一條　本團官兵如有服務不力或違犯本規則各
規定者，依左列各款懲處之。

甲、職員：

一、申誡；

二、記過；記三小過即合併為一大
過，記二大過以上得易以罰薪
或降級之懲處。

三、罰薪；自五元起至原薪四分
之一止。

四、降級。

乙、士兵：

一、申誡；

二、記過；記三小過即合併為一大
過，記二大過以上，得易以禁
閉或開革之懲處。

三、禁閉；

四、開革。

第九章　附則

第四十二條　本團職員為研究學術交換知識起見：得
組織學術研究會，每星期集會一、二
次；內分閱書、講演與時事講演，其簡
章另定之。

六、參謀團保守電信機密規則

一、茲為保守軍事秘密起見，特訂本規則遵守之。

二、凡電稿未經主任蓋章或簽名批發者，不得譯發。

三、凡軍事機密電文，應儘用有線拍發；如因有線發生故障時，始可用無線拍發。

四、本團官佐一律不准用官電紙拍發私電；但帶公事性之私電，得准將電稿呈由主任核發。

五、凡自費拍發有線私電時，不准敘述軍事秘密；無線電尤應禁止；即私人信件，亦不得敘述。

六、本團第一處及譯電室均屬辦理軍事機密處所，絕對禁止閒人擅入。

七、無論何人違犯上列各項，定按情節輕重，分別議處。

八、本規則自印發日起施行。

七、 侍從室與參謀團聯合處理往來電文辦法

一、凡川、滇、黔、湘西、鄂西、秦南、隴南各處有關於剿辦朱、毛、徐、蕭、賀各股匪之軍事與政治外來文電，應先由參謀團擬具辦法，呈送委座核閱；奉批示後，仍發還參謀團辦稿。

二、上列各處所來文電，如有逕送侍從室，經奉委座批示，應仍交由參謀團辦稿；如有由侍從室經先承辦者，亦應將來去文電抄送參謀團備查。

三、凡有關於上列各處剿匪由委座手令經侍從室承辦者，亦請抄送參謀團備查。

八、軍事委員會委員長行營參謀團學術研究會簡章

第一章　總則

第一條　本會依本團服務規則第四十二條之規定組織之。定名為軍事委員會委員長行營參謀團學術研究會（以下簡稱本會）。

第二條　本會會址設本團內。

第三條　凡本團職員，均得為本會會員。

第四條　本會會員不收會費。

第二章　組織

第五條　本會設下列各職員：

一、評議長一人，由本團主任兼任之。

二、副評議長一人，由本團副主任兼任之。

三、評議五人或七人，由主任就本團職員中之學識優良者指定兼任之。

四、幹事五人，由主任于本團各級職員中指定兼任之；並就各幹事中指派一人為常務幹事。

五、司書若干人，暫由本團司書兼辦；必要時得臨時僱用之。

第六條　前條所列本會各職員，除僱用司書外；均為無給職。

第七條　評議長指導監督本會各會員職員，研究學術，及會務進行事宜。

第八條　副評議長襄助評議長辦理前條規定各事宜。

第九條　評議承正副評議長之命，分任批評及建議
　　　　事宜。

第十條　常務幹事承正副評議長之命，辦理本會一切
　　　　進行事宜。

第十一條　幹事承正副評議長之命，協助常務幹事，
　　　　　分任前條規定事宜。

第十二條　司書承常務幹事之命，辦理本會一切繕寫
　　　　　事宜。

第三章　研究方法及學科

第十三條　本會研究方法，分下列二種：

　　　　　一、團體研究，每星期舉行一次，由評議
　　　　　　　長指定題目，共同討論。

　　　　　二、個人研究，于退公後行之，除自動看
　　　　　　　書或試驗外；得就評議長指定題目，擬
　　　　　　　具答案，或就個人研究素有心得者，
　　　　　　　著為論文呈由評議長分別發交各評議
　　　　　　　批改之。

第十四條　本會研究各學科列左：

　　　　　一、有關于軍事者。

　　　　　二、有關于黨義、政治、經濟、法律者。

　　　　　三、有關于國際社會者。

　　　　　四、有關于健康常識者。

　　　　　五、有關于道義禮教者。

　　　　　六、其他應研究之各學科。

第十五條　本會會員，除因職務上之關係外，不得研究
　　　　　反動學理。

第十六條　本會得附設圖書館，以備各會員之研究參
　　　　　考；必要時得編列刊物，並募集圖書。

第四章　經費

第十七條　本會經費，暫由本團公費節餘項下，呈請
　　　　　核准開支；必要時並得專案呈請津貼。

第十八條　本會一切開支，由常務幹事簽請評議長批
　　　　　准後，交總務處代辦。
　　　　　前項開支之報銷，亦由總務處辦理。

第五章　附則

第十九條　本會對外行文，均以參謀團名義行之。

第二十條　本簡章自核准之日起施行。

第廿一條　本簡章如有未盡事宜，得隨時修改之。

九、碉堡構築與守備賞罰條例

第一條　為激勵各剿匪軍努力構築碉堡，妥為防守起
　　　　見，特訂定本條例，以資賞罰。

第二條　各部對於碉堡，雖無命令，亦應自動構築；
　　　　而有左列行為之一者，應處該管長官以辱職
　　　　之罪。

　　　（一）駐軍間或行軍間一經停駐，無論時間久
　　　　　　暫，而不迅速構築工事，或碉堡以自
　　　　　　守，致被匪乘而失利者。

　　　（二）各守備地區內團長以上各級官長，對於
　　　　　　各營連應構築之碉堡位置、種類、型
　　　　　　式，及開始與與完成日期，不為計劃呈
　　　　　　報，並分令飭辦者。

　　　（三）團長以上官長已有計劃、命令，而各連
　　　　　　不如限完成者，除懲辦該連長外；並連
　　　　　　帶處罰其營長與團長督率不嚴之罪。

第三條　奉命令構築碉堡，而有左列行為之一者，應
　　　　處該管長以抗命之罪。

　　　（一）奉有上令延不遵辦，或呈述種種困難，
　　　　　　故事延展，致所守地區失陷者。

　　　（二）雖已遵辦而遲誤規定限期，致失實效者。

　　　（三）所築之碉堡不依照一般碉堡構築要領辦
　　　　　　理，即係陽奉陰違，希圖敷衍功令者。
　　　　　　　（一般碉堡構築要領，係分子碉、母碉
　　　　　　兩種。母碉位置於中間重要地點，材料

　　　　磚石，型式多角形、方形、圓形皆可，層次宜高。子碉位置於母碉之四週，一面掩護其母碉，一面可以形成獨立作戰，其與母碉之距離相間，約以一千米突為標準，且與其母碉設備交通路，俾得彼此聯絡與接濟，或位置於次要地點，形成獨立之堡，磚土皆可，型或圓或方，層次較低，總以能發揚火力，不生死角為宜。構築時應先築母碉，後築子碉，並於各碉內外設備齊全。）

　（四）假公濟私而就地苛收碉堡捐，或挾嫌報復，故意折毀民房以取材料，致招地方公忿者。

第四條　守備碉堡有左列行為之一者，應將該負責長官失地論罪；其上級長官亦以玩忽職守，督率不嚴，一同科罪。

　（一）應守備之碉堡無故空防者。

　（二）不待接防部隊來到，先行放棄碉堡守備者。

　（三）守備碉堡部隊，不能與碉堡共存亡者。

　（四）聞有匪警棄碉先逃，或不死守待援者。

　（五）兩碉堡間任匪自由出入，互相推諉，或匿不上聞希圖掩飾者。

第五條　能遵令構築依限完成者，經該管師長以上繪圖具報，得依左列獎金獎給之。

　（一）磚石碉堡可容一排人者（母碉）五十

元，可容一班人者（子碉）二十五元。

（二）土碉堡可容一排人者十五元，可容一班
　　　人者十元。

第六條　守碉部隊能持久抗匪不屈，經該管師長以上
　　　繕具事實呈報來營，另行特別核獎。

第七條　應用本條例時，得參酌海陸空軍刑法，及剿
　　　匪區文武官佐士兵剿匪懲獎條例辦理。

第八條　本條例自公佈日施行。

十、查碉人員須知

一、築碉要領,在多不在少;重密不重過堅。

二、碉堡容量,除圩塞外;通常容兵一班乃至一排。

三、碉堡堅度,磚石為上,土質次之;但其土質鬆軟者,可用竹木編籃等方法構築之。

四、碉堡四週,須一律加挖外壕,及佈置鹿柴、竹釘等副防禦。

五、構築程序,先築母碉,後築子碉。

六、碉堡以成群或成線為原則;成群者,在某一地區星羅棋佈,交互側防。成線者,須設數道重層配備,成碉堡地帶。

七、封鎖線上碉堡,應使之斜交成十字或品字形,俾能互相側防,最忌平列成為一字形,致易被匪突破。其與鄰縣或鄰段,須切實啣接。

八、河川封鎖線在情況許可,須沿河兩岸分築。其渡河點、徒涉場,及河幅較狹部分,均須築碉堡群。

九、公路橋樑,及鐵索橋,或繩橋等,須築橋頭碉。

十、縣城、鄉鎮,及有關戰略戰術上之要點,須築碉堡群。

十一、碉堡樣式須合用,務能發揚火力;尤須使本身自能側防。

十二、碉外凡有妨礙射界者,須掃除之。其在射界以外之交通路,必要時須閉鎖之。

十三、槍眼要用 X 形,即中間小,兩面大。但在山上者,又須兼用向下丁字形;在山下者用向上丁

字形。

十四、碉堡守備，主要者歸軍隊，次要者歸團隊，再次
　　　者歸當地民眾，分別指定負責。

十五、凡守備主要碉堡者，須存儲十日以上之糧、鹽、
　　　柴、水，及必要之彈藥。

十六、守碉部隊人各級長官及民團負責人員，平時須注
　　　重碉堡外作戰方法；並須假設情況，集合演習
　　　純熟。

十七、守碉部隊應盡夜輪流派隊在其附近游擊。

十八、凡碉堡地區內，在匪未到以前，應到處作堅壁清
　　　野之準備。

十九、已成碉堡應分線、分縣編列番號，或命名列表呈
　　　報，以便統計。

二十、各查碉員須帶必讀之碉堡書籍及保甲條例：

　　　1. 碉堡戰術要旨

　　　2. 碉寨圖說

　　　3. 碉堡之構築與守備

　　　4. 前代禦寇良規

　　　5. 剿匪區內各省行政督察專員公署組織條例

　　　6. 各區公所組織條例

　　　7. 各縣編查保甲戶口條例

　　　8. 各省保安處暫行組織條例

　　　9. 各省民團整理條例

　　　10. 查碉組組織條例

　　　11. 碉堡賞罰條例

廿一、各查碉員應各備手簿，逐日將所檢查各碉堡地

點、材料、容量、完成日期、內外設備、構築者、守備者，及其他必要事項，詳細登載。於某一段查畢時，列表繪圖呈報查核。

十一、財政部四川國省聯合金庫暫訂收支款項程序

第一條　川省各機關經管收支各款之解繳領發（除仍應報告各該主管機關外），對於行營駐川財政監理處及聯合金庫，均應依本規程辦理。

第二條　川省各徵收機關，經收國稅、省稅及其他款項，均應分別解交聯合金庫核收。

第三條　川省各徵收機關向聯合金庫解款時，應填具五聯解款書（書式另附），以現字編號，第一聯存根，第二聯通知，第三聯報告，第四聯報查，第五聯回證。

前項五聯解款書，除存根一聯，由解款機關存查外，其餘通知報告報查回證四聯，由解款機關連同現款一併送交聯庫，聯庫將款核收後；逐年加蓋收訖及年月日戳記，留存通知一聯，將報告報查回證三聯，隨同收支日報表，逐日送行營駐川財政監理處，監理處除留存報告一聯外，須將第四聯報查轉送財政部，第五聯回證發交原解款機關。

第四條　聯庫收到解款核與解款書所列數目相符，即填具四聯收款書（書式另附），以現字編號，第一聯存根；第二聯收據；第三聯繳驗；第四聯報查。

前項四聯收款書，除第一聯存根由聯庫留存外，其餘收據、繳驗、報查三聯，由聯合庫

發交解款機關，解款機關除留收據一聯外，以繳驗、報查二聯，隨同收支報表（此項報表按月或分期，應就實際情形另定之），送交行營駐川財政監理處，監理處除留繳驗一聯外，以報查一聯送財政部。

第五條　川省各軍政機關，每月應支經費款項，統由行營駐川財政監理處通知聯合庫照付。

第六條　川省各軍政機關請領經費，須依據預算法案，填具請款書（書式另附），除留存根一聯外，以憑單一聯連同預算書二份，送交行營駐川財政監理處。

第七條　行營駐川財政監理處收到各機關請款憑單及支付預算書查核無誤後，填具三聯交付書（書式另附），除留存根一聯外，以通知一聯交領款機關，命令一聯交聯庫。

第八條　領款機關收到支付書通知聯後，填具四聯領款書（書式另附），除留存根一聯外，其餘第二聯收據，第三聯報告，第四聯報查，均應連同支付通知書一併送交聯庫。

第九條　聯庫收到領款機關，送到支付通知書及領款書收據、報告、報查三聯與支付書命令聯，核對相符後，照數付款，除留收據一聯外，並在支付書上加蓋付訖及年月日戳記，與領款書、報告、報查二聯，隨同收支日報表，一併送交行營駐川財政監理處，監理處除留報告一聯外，以報查聯送財政部。

第十條　本程序如有未盡事宜，得隨時修改之。

第十一條　本程序自公佈日施行。

十二、民眾構築公路辦法

第一條　本辦法依據四川剿匪公路建設計劃表附記第
　　　　二項製定之。

第二條　剿匪公路路線所經之射洪、蓬溪、萬縣、梁
　　　　山、大竹、渠縣、江北、長壽、墊江、綿
　　　　陽、梓潼、劍閣、昭化、廣元、南充、西
　　　　充、南部、閬中、營山、隆昌、敘永、瀘
　　　　縣、蓬安、合川、廣安、武勝、巴縣、綦
　　　　江、大足、內江、威遠、犍為、達縣、宣
　　　　漢、萬源、城口、開江……等縣民眾構築公
　　　　路，悉依本辦法行之。

第三條　民眾構築公路事宜，由該管縣長督同區鎮鄉
　　　　閭長負責辦理。

第四條　凡路線所經之縣，所有十八歲以上四十五歲
　　　　以下之壯丁，均應盡構築公路之義務，但應
　　　　徵人數，由縣長就地方情形，妥為規定；尤
　　　　須盡量利用難民，以工代賑。

第五條　凡築路之民眾應每四十人編為一組，設組長
　　　　一人，照料一切事務，該管區鎮鄉閭長，應
　　　　在工地監督實施。

第六條　凡在工地之區鎮鄉閭組長及民眾，均應遵照
　　　　規定之圖表施工，不得稍有更改。

第七條　凡築路之民眾，其伙食費按照各縣徵工築路
　　　　向例辦理。

第八條　凡民眾築路，按照預定土石方數量施工；俟

　　　　　完成後，應由縣長呈請省府派員驗收。如有
　　　　　與預定數量不符，或應改善處，仍應責成補
　　　　　足後再請驗收。

第九條　　民眾築路，須依限完成；如故意遲延，不遵
　　　　　限完成者，得由縣長嚴辦；其所欠工程，仍
　　　　　須責成補足。

第十條　　民眾所用之土工工具、食具，概須自備，住
　　　　　宿地點，亦須自行尋覓，但不得距工作地遠
　　　　　在十里以外。

第十一條　本辦法如有未盡事宜，得隨時修改。

第十二條　本辦法自公佈之日施行。

十三、兵工協築公路辦法

第一條　本辦法依據四川剿匪公路建設計劃表附記第
　　　　三項製定之。

第二條　剿匪公路路線在匪區內者，除由建設廳、公
　　　　路總局預組築路隊（各隊組織表另定之），
　　　　隨軍推進逐段修築外；其用兵工協築者，悉
　　　　依本辦法行之。

第三條　兵工與築路隊責任之劃分及其注意事項如左：

　　　　1. 橋梁、涵洞、水管一律用木造。橋梁每孔
　　　　　 徑間規定為三公尺。鋸料及架設，由築路
　　　　　 隊負責，搬運由兵工負責。

　　　　2. 石方浮土及無庸開炸尚可搬動之石，由兵
　　　　　 工負責；整塊大岩石之開炸，由築路隊負
　　　　　 責；炸碎石塊之搬運，由兵工負責。

　　　　3. 土方全由兵工負責，寬度坡度，務須按照
　　　　　 規定修築，不可祇圖省工，致有急坡窄
　　　　　 路，以及凸凹不平之弊，如路成不能行
　　　　　 車，應由原部隊負責重修。

　　　　4. 壓路由兵工負責，滾筒由公路局撥給，約
　　　　　 每二十華里一只。

　　　　5. 運石鋪路，由兵工負責，石子之大，直徑
　　　　　 不能逾一寸半，鋪石厚至少五寸，須碾壓
　　　　　 堅實，表層鋪粗砂，至少厚一寸，如纍置
　　　　　 大石或碾壓不足，致不能行車，應由原部
　　　　　 隊重修。

第四條　兵工築路之標準如左：

1. 路幅寬度，不得小於七‧五公尺。
2. 曲半徑在平原地不得小於三‧〇公尺；在山嶺地不得小於十五公尺。
3. 兩個及曲線之間，至少須有長三〇公尺之直線以啣接之。
4. 路線在灣曲處必須在寬。
5. 普通最大縱坡度，定為百分之七；其長度不得逾二〇〇公尺。
6. 凡斜坡曲線，非屬不得已，不宜設在一處；最大坡度處，絕對不得設最小半徑之曲線。
7. 凡經公路局已行測量之路線，不得任意變更。

第五條　兵工築路之獎金規定：每團在駐地內每月須築十里之公路，每里築路費壹百元，兼鋪沙石者貳百元。

　　　　路幅八米，於驗收後，由剿匪總部發給。

第六條　本辦法自公布之日施行。

十四、剿匪部隊築路獎懲暫行辦法

第一條　凡剿匪部隊擔任築路工作，其獎勵懲戒，悉
　　　　依本辦法之規定行之。

第二條　凡剿匪部隊擔任築路工作，每四團制師，每
　　　　月至少須築四十華里；每六團制師，每月至
　　　　少須築六十華里。

第三條　獎勵方法，分為左列三種：
　　　　1. 記過；
　　　　2. 升擢；
　　　　3. 獎金。

第四條　應行獎勵事項如左：
　　　　一、辦理路務督率有方措施得當者；
　　　　二、全段路工在限期內興工者；
　　　　三、全段路工依限竣工者。

第五條　懲戒方法，分為左列三種：
　　　　1. 記過；
　　　　2. 降級；
　　　　3. 撤職。

第六條　應行懲戒事項如左：
　　　　一、辦理乖方，致工作怠惰，不能依限完
　　　　　　工者；
　　　　二、玩忽路政，屢逾興工期限者；
　　　　三、督促不力，屢逾竣工期限者。

第七條　各段公路修築完成，經剿匪總部或本團派
　　　　員實地查勘具報後，即按前項規定分別獎

懲之。

第八條　軍工築路標準及獎金規定，概照兵工協築公路辦法第四、第五兩條辦理之。

第九條　本辦法如有未盡事宜，得隨時修改之。

第十條　本辦法自公佈之日施行。

附：修正軍工協助築路暫行辦法

第一條　凡路基土方，均由軍工負責修築，其路寬坡度灣道填挖等，均須按照軍工築路暫行準則修築，不得祗圖省工，致有急坡窄路以及高低不平之弊。如路成而不能行車，仍應由原修部隊負責改修。

第二條　凡浮土及無庸開炸之鬆軟石方，均由軍工負責開挖；如遇正塊大岩石，必須開炸者，由地方負責築路機關派遣工程隊開炸之；至石塊之搬運，仍由軍工負責。

第三條　凡橋梁涵管為求修造迅速計，一律暫用木造。其鋸料架設，由地方負責築路機關派遣工程隊負責辦理；至材料之搬運，仍由軍工負責。

第四條　凡路面鋪砂工程之運鋪碾壓，概由軍工負責，按照規定辦理。如鋪壓不平，致不能行車時，仍應由原修部隊，負責改修。其所需滾筒，由地方負責築路機關撥給，約每二十華里一具。

第五條　軍工築路之考成，按照軍工築路獎懲暫行辦

法之規定辦理之。

第六條　凡全路工程完成可以通車時，應即呈請國民
　　　　政府軍事委員會委員長行營派員驗收，如有
　　　　不合，應聽驗收員之指示改修。

第七條　本辦法自公布之日施行。

十五、軍工築路獎金辦法

第一條　凡軍工築路，其應發給獎金者，悉依本辦法行之。

第二條　凡軍工修築路線，須先經本行營指定，或呈請本行營核准；否則不給獎金。

第三條　凡軍工築路，均須遵照本行營所頒布之軍工築路暫行準則施工；不得任意更改。

第四條　凡指定或核准之軍工路線全段完成後，應即呈報本行營飭由各該省建設廳派員查勘驗收；如有不合或應改善處，仍應責成修築後，再請覆驗，驗收完畢，方得核發獎金。

第五條　凡路基土方簡易橋涵，應由軍工負責；至橋涵石方等較鉅工程，則由各該省府築路機關負責修築。

第六條　凡路基所經，無論平地或山地，均一律按照每華里為單位發給獎金，其數額相同。

第七條　凡路基完成後，其路面加鋪砂石者，除給修築路基獎金外；並加給路面獎金，其數額與路基同。

第八條　路基路面之獎金數額，由本行營就工程之難易，隨時明令頒定之。

第九條　軍工築路所用工具，均由各該部隊自備，或在獎金內購辦，如有特殊情形，得呈報本行營飭由各該省政府築路機關酌量撥給之。

第十條　本辦法自公佈日施行。

十六、川陝公路義務徵工築路施行綱要

一、關於義務徵工興築川陝公路事項，除遵照委員長蔣宥行秘蓉監代電規定辦法辦理外；悉依本綱要辦理。

二、徵工區域及應徵工數，悉遵委員長蔣宥行秘蓉監代電規定辦法辦理之。

三、徵工各縣，須依照省府規定組織徵工築路委員會，辦理一切徵工事務；並將組織情形及委員管工員姓名，分別造冊呈報公路局；並通知川陝總段工程處。

四、在本路分段定期開工以前，各縣徵工築路委員會，須準備左列各項工作：

　　（1）依鄉鎮調查，可徵民工數目，造具表冊，編製成隊，列定奉調次序，候令動員。

　　（2）會同公路局工程人員，訓練各縣管工人員，授以督率施工必具之常識及責任。

　　（3）就沿線經過區域，覓定民工宿歇處所。

　　（4）籌備衛生醫藥事項。

　　（5）各縣派員會同組織物料採辦委員會，辦理工程處委託購買或徵集物料事務。

五、凡義務徵工區域內全人口（除老幼殘廢婦女外）均有應徵之義務；不得違抗。

六、凡應徵而不能親自工作者，得出代金雇工自代；代金數目，由各縣築路委員會酌量各該縣情形，開會決定後，一面公佈，一面呈報公路局備案。

七、民工編制如左：

（1）每三十名編為一小隊，設隊目一人率領之；每三小隊為一小隊，設隊長一人率領之；每二大隊設管工員一人率領之，管工員直接受築路委員會或該會所設段辦事處之指揮。

（2）隊長、隊目，須由鄉鎮長擔任。

八、民工由各管工員、隊長、隊目層層管理，並受工程人員之指揮監督。

九、民工工作之範圍：

（1）挖填一切土方；

（2）挖鑿石谷方及其他夾雜石塊磚瓦卵石之土方；

（3）搬運鑿岩開山後之石塊；

（4）碎石之搬捶敷壓等工作；

（5）搬運卵石泥沙及敷壓。

十、凡民工所擔負工作，須一氣呵成；不得半途更換。如該段民工能認真工作，在限期內完成，且工程良好者，得由驗收各該段工程處酌請給予獎金，以資激勸；其獎勵辦法另訂之。

十一、民工應自行攜帶被蓋、糧食、鋤頭、土箕、扁擔、繩索等項。

十二、築路委員會之責任如左：

（1）督率各段路工，依照工程處之規劃指揮於限期內完成；

（2）管理民工之秩序勤惰事項；

（3）指揮管工人員並考核各段工程進展程度及其優劣；

（4）注重清潔衛生預防及救濟民工疾病傷亡
　　　事項。

十三、工程處之責任如左：

（1）負責督飭民工限期完成；

（2）負責指示工作方法，並考核其工程進度，
　　　隨時糾正其不合之點；

（3）關於工程進行事項，須盡量供築路委員會
　　　之諮詢，於必要時，並查酌工程性質，分
　　　別開具施工步驟規劃，交由築路委員會查
　　　明辦理；

（4）呈報民工工作人數及其工程進度，進具三
　　　份，呈報公路局，以便分別存轉。

十四、各縣督管民工之組織：

　　　某縣築路委員會；

　　　某縣第某分段民工辦事處；

　　　民工管工室。

十五、宣傳以公路局印發告民眾書為準則。務使民工一
　　　致努力工作，於期內完成全部工程。

十六、工程處各級工程人員，負指示工作方法責任，
　　　對於指示工作事項，須詳明規劃，使用圖表說
　　　明，隨時臨場指導；盡量避免空談，力求實際。
　　　務使民工管工人員，易於明白了解，以便依照
　　　辦理。

十七、工程處凡以數字表示工作方法者，須用書面通知
　　　民工管理人員，以便轉知民工，切實工作；其
　　　屬於訓練督飭事項，工程人員務隨時親往工作

地段，切實訓勉，告以獎勵辦法；並輔以文字上之宣傳品，以引起民工努力工作之興趣。

十八、本綱要未盡事宜，得由公路局隨時呈准修改之。

十九、本綱要辦法，如遇有與省府頒布規程及公路局頒發之單行命令規章發生牴觸時，依本綱要之規定辦理之。

二十、本綱要自呈准行營及省府之日發生效力。

十七、川陝公路義務徵工獎勵辦法

一、為增加義務徵工效率獎勵努力工作之民工起見；制定本辦法。

二、獎勵方法，分下列兩種：

    1. 特別獎金：凡各縣被徵民工，在規定期限以前，每縣之一組最先完成其工作，經工段驗收合于工程標準者，（除普通獎金外）得給與特別獎金一千元；但遇有一組以上同時報竣者，得由工段段長會同縣長酌量分配之。

    2. 普通獎金：凡各縣被徵民工在規定期限以前完成之各組，其工程經工段驗收合于工程標準者，得按下列標準給與獎金：

    （甲）綿陽：每挑土一公方，給與獎金五釐；每石方一公方，給予獎金二分；

    （乙）梓潼：每挑土一公方，給予獎金一分；每石方一公方給予獎金四分；

    （丙）劍閣、昭化、廣元：每挑土一公方給予獎金二分；每石方一公方，給予獎金八分。

三、開工之先，各工段應斟酌工作難易，並根據縣政府開來各區保或各鄉村之徵用民工數目單，分別土方或石方之工作能力，（依每日能作成數量為單位）平均分配與各組或各保應作之土石方數量，製成工作分配表，會同縣政府或築路委員會，按表插定標幟，分別令民工工作，並呈報備案。工作分配表格式另定之。

四、工作期間，各工段應照下列各點，嚴格監視與
　　督促。

　　1. 各民工是否照規定人數到工作地點。如未照規
　　　　定人數，應立即催促如數到工。

　　2. 民工是否按照施工樁施工？填挖是否一如規
　　　　定？取土坑側是否整齊？均應隨時查察，隨時
　　　　糾正，並登記其狀況。

五、將完工時各工段應按照工作分配表計算各組或各保
　　應得之獎金數，列成表格呈報，並預領獎金，並預
　　先商同縣政府會派人員分駐各分段，以便一經驗
　　收，立時發給獎金。工程完成，應由各該保甲長報
　　告該管工程人員，立即前往驗收，如有不合規定或
　　欠整齊，應詳切指明，令其改善，改善後再行驗
　　收。如認為可以驗收而驗收之日在限期以內者，應
　　即會同縣政府或築路委員會所派人員在工作地當眾
　　給獎，並取具領款收據，格式另定之。但報竣雖在
　　限期以前，而認為可以驗收之時期已逾限期，或逾
　　限期報竣者，均不得給予獎金。

六、工程完成，應由工段呈請公路局派員驗收。如發覺
　　未照規定完成工段之驗收人員，應受懲罰，如係已
　　發獎金者，則加重其處罰。

七、本辦法自公佈日施行。

十八、西康建省委員會組織條例

第一條　西康在省政府成立以前，設西康建省委
員會，籌備建省事宜，並執行政務。

第二條　西康建省委員會直隸行政院，並受中央主管
會之指揮監督。

第三條　西康建省委員會於不抵觸中央法令範圍內，
得發布命令，並制定單行規程，但關於限制
人民自由，增加人民擔負者，非經國民政府
核准，不得舉行。

第四條　由國民政府簡派，並於委員中指定一人為委
員長。

第五條　左列各款事項，應由委員會議決之。

一、關於建省計劃及其發展地方之經濟、文
化事項；

二、關於地方行政區域之劃定及變更事項；

三、關於本省預算、決算事項；

四、關於地方官吏呈請中央任免事項；

五、關於增加人民負擔事項；

六、關於處分省公產或籌劃省公營事業事項；

七、關於地方綏靖事項；

八、其他建省委員會認為應議決事項。

委員會會議時，以委員長為主席。

委員會之議決案，由委員長執行之。

第六條　委員長因故不能執行職務時，由委員互推一
人暫行代理其職務；期間以三個月為限，並

　　　　　　呈報行政院備。

第七條　　西康建省委員會設左列各處科。

　　　　　一、秘書處：掌理機要、文牘、庶務、會計
　　　　　　　及不屬其他各科事項；

　　　　　二、民政科：掌理全省官吏之任免、宗教、
　　　　　　　禮俗及其他民政事項；

　　　　　三、建設科：掌理全省實業、交通、水利及
　　　　　　　其他經濟建設事項；

　　　　　四、財政科：掌理全事財政事項；

　　　　　五、教育科：掌理全省教育文化事項；

　　　　　六、保安科：掌理全省警衛治安事項。

　　　　　前項所列各處科，如有減併之必要時，得由
　　　　　委員會呈請行政院核准減併之。

第八條　　西康建省委員會設秘書長一人，簡任。秘書
　　　　　二人，薦任。科長五人，薦任。科員十二人
　　　　　至三十人，委任。

第九條　　西康建省委員會因事務之需要，得酌用專門
　　　　　技術人員，並得酌用僱員。

第十條　　西康建省委員會因事務之必要，呈准行政院
　　　　　核准，得設立附屬機關。

第十一條　西康建省委員會之行政經費，應編製概算
　　　　　　書，呈行政院轉請依法核定之。

第十二條　西康建省委員會會議規則，及各處科辦事細
　　　　　　則，由該會委員會定之，呈報行政院備案。

第十三條　本條例自公布日施行。

民國史料 27

南昌行營：
參謀團大事記（三）

Generalissimo's Nanchang Field Headquarter:
Military Staff Records, Section III

編　　者　民國歷史文化學社編輯部
總 編 輯　陳新林、呂芳上
執行編輯　李佳若
文字編輯　林弘毅
排　　版　溫心忻、盤惠秦

出 版 者　🛡 開源書局出版有限公司
　　　　　香港金鐘夏慤道 18 號海富中心
　　　　　1 座 26 樓 06 室
　　　　　TEL：+852-35860995

　　　　　✿ 民國歷史文化學社 有限公司
　　　　　10646 台北市大安區羅斯福路三段
　　　　　37 號 7 樓之 1
　　　　　TEL：+886-2-2369-6912
　　　　　FAX：+886-2-2369-6990

銷 售 處　深流成文化 股份有限公司
　　　　　10646 台北市大安區羅斯福路三段
　　　　　37 號 7 樓之 1
　　　　　TEL：+886-2-2369-6912
　　　　　FAX：+886-2-2369-6990

初版一刷　2020 年 6 月 30 日
定　　價　新台幣 300 元
　　　　　港　幣　80 元
　　　　　美　元　11 元
I S B N　978-988-8637-71-3